# DERNIÈRES
# CHANSONS

POÉSIES POSTHUMES

DE

LOUIS BOUILHET

AVEC UNE PRÉFACE

PAR GUSTAVE FLAUBERT

PARIS

MICHEL LÉVY FRÈRES, ÉDITEURS

1872

# DERNIÈRES
# CHANSONS

LOUIS BOUILHET
1822 1869

# DERNIÈRES CHANSONS

POÉSIES POSTHUMES

DE

LOUIS BOUILHET

AVEC UNE PRÉFACE

PAR

GUSTAVE FLAUBERT

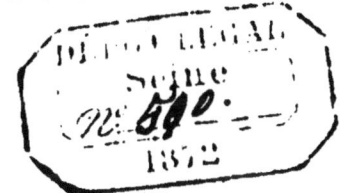

PARIS

MICHEL LÉVY FRÈRES, ÉDITEURS

RUE AUBER, 3, PLACE DE L'OPÉRA

—

LIBRAIRIE NOUVELLE

BOULEVARD DES ITALIENS, 15, AU COIN DE LA RUE DE GRAMMONT

1872

# PRÉFACE

# 1

On simplifierait peut-être la critique si, avant d'énoncer un jugement, on déclarait ses goûts; car toute œuvre d'art enferme une chose particulière tenant à la personne de l'artiste et qui fait, indépendamment de l'exécution, que nous sommes séduits ou irrités. Aussi notre admiration n'est-elle complète que pour les ouvrages satisfaisant à la fois notre tempérament et notre esprit. L'oubli de cette distinction préalable est une grande cause d'injustice.

Avant tout, l'opportunité du livre est contestée. « Pourquoi ce roman? à quoi sert un drame? qu'avons-nous besoin? etc. » Et, au lieu d'entrer dans l'intention de l'auteur, de lui faire voir en quoi il a manqué son but et comment il fallait s'y prendre pour l'atteindre, on le chicane sur mille choses en dehors de son sujet, en réclamant toujours le contraire de ce qu'il a voulu. Mais si la compétence du critique s'étend au delà du procédé, il devrait tout d'abord établir son esthétique et sa morale.

Aucune de ces garanties ne m'est possible à propos du poëte dont il s'agit. Quant à raconter sa vie, elle a été trop confondue avec la mienne, et là-dessus je serai bref, les mémoires individuels ne devant appartenir qu'aux grands hommes. D'ailleurs n'a-t-on pas abusé du « renseignement? » L'histoire absorbera bientôt toute la littérature. L'étude excessive de ce qui faisait l'atmosphère d'un écrivain nous empêche de considérer l'originalité même de son génie. Du temps de Laharpe, on était convaincu que, grâce à de certaines règles, un chef-d'œuvre vient au monde sans rien devoir à quoi que ce soit, tandis que maintenant on s'imagine découvrir sa raison d'être, quand on a bien détaillé toutes les circonstances qui l'environnent.

Un autre scrupule me retient : je ne veux pas démentir une réserve que mon ami a constamment gardée.

A une époque où le moindre bourgeois cherche un piédestal, quand la typographie est comme le rendez-vous de toutes les prétentions et que la concurrence des plus sottes personnalités devient une peste publique, celui-là eut l'orgueil de ne montrer que sa modestie. Son portrait n'ornait point les vitrines du boulevard. On n'a jamais vu une réclamation, une lettre, une seule ligne de lui dans les journaux. Il n'était pas même de l'académie de sa province.

Aucune vie, cependant, ne mériterait plus que la sienne d'être longuement exposée. Elle fut noble et laborieuse. Pauvre, il sut rester libre. Il était robuste comme un forgeron, doux comme un enfant, spirituel sans paradoxe, grand sans pose; — et ceux qui l'ont connu trouveront que j'en devrais dire davantage.

II

Louis-Hyacinthe Bouilhet naquit à Cany (Seine-Inférieure) le 27 mai 1822. Son père, chef des ambulances dans la campagne de 1812, passa la Bérésina à la nage en portant sur sa tête la caisse du régiment, et mourut jeune par suite de ses blessures; son grand-père maternel, Pierre Hourcastremé, s'occupa de législation, de poésie, de géométrie, reçut des compliments de Voltaire, correspondit avec Turgot, Condorcet, mangea presque toute sa fortune à s'acheter des coquilles, mit au jour les *Aventures de messire Anselme*, un *Essai sur la faculté de penser*, les *Étrennes de Mnémosyne*, etc., et après avoir été avocat au bailliage de Pau, journaliste à Paris, administrateur de la marine au Havre, maître de pension à Montivilliers, partit de ce monde presque centenaire, en laissant à son petit-fils le souvenir d'un bonhomme bizarre et charmant, toujours poudré, en culottes courtes, et soignant des tulipes.

L'enfant fut placé à Ingouville, dans un pensionnat, sur le haut de la côte, en vue de la mer; puis, à douze ans, vint au collége de Rouen, où il remporta dans toutes ses classes presque tous les prix, — bien qu'il ressemblât fort peu à ce qu'on appelle un bon élève, ce terme s'appliquant aux natures médiocres et à une tempérance d'esprit qui était rare dans ce temps-là.

J'ignore quels sont les rêves des collégiens, mais les nôtres étaient superbes d'extravagance, — expansions dernières du romantisme arrivant jusqu'à nous, et qui, comprimées par le milieu provincial, faisaient dans nos cervelles d'étranges bouillonnements. Tandis que les cœurs enthousiastes auraient voulu des amours dramatiques, avec gondoles, masques noirs et grandes dames évanouies dans des chaises de poste au milieu des Calabres, quelques caractères plus sombres (épris d'Armand Carrel, un compatriote) ambitionnaient les fracas de la presse ou de la tribune, la gloire des conspirateurs. Un rhétoricien composa une *Apologie de Robespierre*, qui, répandue hors du collège, scandalisa un monsieur, si bien qu'un échange de lettres s'en suivit avec proposition de duel, où le monsieur n'eut pas le beau rôle. Je me souviens d'un brave garçon, toujours affublé d'un bonnet rouge; un autre se promettait de vivre plus tard en mohican, un de mes intimes voulait se faire renégat pour aller servir Abd-el-Kader. Mais on n'était pas seulement troubadour, insurrectionnel et oriental, on était avant tout artiste; les pensums finis, la littérature commençait; et on se crevait les yeux à lire au dortoir des romans, on portait un poignard dans sa poche comme Antony, on faisait plus : par dégoût de l'existence, Bar*** se cassa la tête d'un coup de pistolet, And*** se pendit avec sa cravate; nous méritions peu d'éloges, certainement! mais quelle haine de toute platitude! quels élans vers la grandeur! quel respect des maîtres! comme on admirait Victor Hugo!

Dans ce petit groupe d'exaltés, Bouilhet était le poëte, poëte élégiaque, chantre de ruines et de clairs de lune. Bientôt sa corde se tendit et toute langueur disparut, — effet de l'âge, puis d'une virulence républicaine tellement naïve qu'il manqua, vers les vingt ans, s'affilier à une société secrète.

Son baccalauréat passé, on lui dit de choisir une profession; il se décida pour la médecine, et, abandonnant à sa mère son mince revenu, se mit à donner des leçons.

Alors commença une existence triplement occupée par ses besognes de poëte, de répétiteur et de carabin. Elle fut pénible tout à fait; lorsque, deux ans plus tard, nommé interne à l'Hôtel-Dieu de Rouen, il entra sous les ordres de mon père, dans le service de chirurgie. Comme il ne pouvait être à l'hôpital durant la journée, ses tours de garde la nuit revenaient plus souvent que ceux des autres ; il s'en chargait volontiers, n'ayant que ces heures-là pour écrire ; — et tous ses vers de jeune homme, pleins d'amour, de fleurs et d'oiseaux, ont été faits pendant des veillées d'hiver, devant la double ligne des lits d'où s'échappaient des râles, ou par les dimanches d'été, quand le long des murs, sous sa fenêtre, les malades en houppelande se promenaient dans la cour. Cependant ces années tristes ne furent pas perdues ; la contemplation des plus humbles réalités fortifia la justesse de son coup d'œil, et il connut l'homme un peu mieux pour avoir pansé ses plaies et disséqué son corps.

Un autre n'aurait pas tenu à ces fatigues, à ces dégoûts, à cette torture de la vocation contrariée. Mais il supportait tout cela gaiement, grâce à sa vigueur physique et à la santé de son esprit. On se souvient encore, dans sa ville, d'avoir souvent rencontré au coin des rues ce svelte garçon d'une beauté apollonienne, aux allures un peu timides, à grands cheveux blonds, et tenant toujours sous son bras des cahiers reliés. Il écrivait dessus rapidement les vers qui lui venaient, n'importe où, dans un cercle d'amis, entre ses élèves, sur la table d'un café, pendant une opération chirurgicale en aidant à lier une artère ; puis il les donnait au premier venu, léger d'argent, riche d'espoir, — vrai poëte dans le sens classique du mot.

Quand nous nous retrouvâmes, après une séparation de quatre années, il me montra trois pièces considérables.

La première, intitulée *le Déluge*, exprimait le désespoir d'un amant étreignant sa maîtresse sur les ruines du monde près de s'engloutir :

> Entends-tu sur les montagnes
> Se heurter les palmiers verts ?
> Entends-tu dans les campagnes
> Le râle de l'univers ?

Il y avait des longueurs et de l'emphase, mais d'un bout à l'autre un entrain passionné.

Dans la seconde, une satire contre *les jésuites*, le style, tout différent, était plus ferme.

> O prêtres de salons, allez sourire aux femmes;
> Dans vos filets dorés prenez ces pauvres âmes !
> . . . . . . . . . . . . . . . . . . . . .
> Et ministres charmants au confessionnal
> Tournez la pénitence en galant madrigal !
> Ah ! vous êtes bien là, héros de l'Évangile,
> Parfumant Jésus-Christ des fleurs de votre style
> Et faisant chaque jour, martyrs des saintes lois,
> Sur des tapis soyeux le chemin de la croix !
> . . . . . . . . . . . . . . . . . . . . .
> Ces marchands accroupis sur les pieds du Calvaire

# PRÉFACE.

Qui vont tirant au sort et lambeau par lambeau
Se partagent, Seigneur, ta robe et ton manteau ;
Charlatans du saint lieu, qui vendent, ô merveille,
Ton cœur en amulette et ton sang en bouteille !

Il faut se remettre en mémoire les préoccupations de l'époque, et observer que l'auteur avait vingt-deux ans. La pièce est datée 1844.

La troisième était une invective « *à un poëte vendu* » qui rentrait tout à coup dans la carrière.

A quoi bon réveiller ton ardeur famélique ?
Poursuis par les prés verts ta chaste bucolique !
Sur le rivage en fleur où dort le flot vermeil,
Archange, enivre-toi des feux de ton soleil !
Chante la Syphilis sous les feuilles du saule !
Le manteau de Brutus te blesserait l'épaule,
Et ton âme naïve et ton cœur enfantin
Viendraient, peut-être encore, accuser le Destin !
Le Destin qui t'a pris. . . . . . . . . . . . . .
. . . . . . . . . . . . . . . . . . . . . . . . .
Va ! c'est l'âpre Plutus qui marche la main pleine
Et cote en souriant la conscience humaine !
Le Destin ! c'est le sac dont le ventre enflé d'or
Est si doux à palper dans un joyeux transport ;
C'est la Corruption qui, des monts aux vallées,
Traîne aux regards de tous ses mamelles gonflées !
C'est la Peur ! c'est la Peur ! fantôme au pied léger
Qui travaille le lâche à l'heure du danger !

. . . . . . . . . . . . . . . . . . . . . . . . .

> Ton Apollon, sans doute, en sa prudente course
> Pour monter au Parnasse a passé par la Bourse ?
> Dans ce ciel politique, où souvent on peut voir
> Le soleil du matin s'éteindre avant le soir,
> La lunette en arrêt, promènes-tu ton rêve
> De Guizot qui pâlit à Thiers qui se lève,
> Et, sur le temps mobile, aujourd'hui règles-tu
> Ta foi barométrique et ta souple vertu ?
>
> . . . . . . . . . . . . . . . . . . . . . . . .
>
> Arrière l'homme grec dont les strophes serviles
> Ont encensé Xerxès le soir des Thermopyles !

et la suite, du même ton, rudoyait fort le ministère.

Il avait envoyé cette pièce à la *Réforme*, dans l'illusion qu'elle serait insérée. On lui répondit par un refus catégorique, le journal jugeant inopportun de s'exposer à un procès — pour de la littérature.

Ce fut dans ce temps-là, vers la fin de 1845, à la mort de mon père, que Bouilhet quitta définitivement la médecine. Il continua son métier de répétiteur, puis, s'associant à un camarade, se mit à faire des bacheliers. 1848 ébranla sa foi républicaine ; et il devint un littérateur absolu, curieux seulement de métaphores, de comparaisons, d'images, et pour tout le reste, assez froid.

Sa connaissance profonde du latin (il écrivait dans cette langue presque aussi facilement qu'en français) lui inspira quelques-unes des pièces romaines qui sont dans *Festons et Astragales*; puis le poëme de *Melænis* publié par la *Revue de Paris*, à la veille du coup d'État.

Le moment était funeste pour les vers. Les imaginations, comme les courages, se trouvaient singulièrement aplaties, et le public, pas plus que le pouvoir, n'était disposé à permettre l'indépendance de l'esprit. D'ailleurs le style, l'art en soi, paraît toujours insurrectionnel aux gouvernements et immoral aux bourgeois. Ce fut la mode, plus que jamais, d'exalter le sens commun et de honnir la poésie; pour vouloir montrer du jugement, on se rua dans la sottise; tout ce qui n'était pas médiocre ennuyait. Par protestation, il se réfugia vers les mondes disparus et dans l'extrême Orient; de là les *Fossiles* et différentes pièces chinoises.

Cependant la province l'étouffait. Il avait besoin d'un plus large milieu, et, s'arrachant à ses affections, il vint habiter Paris.

Mais à un certain âge, *le sens* de Paris ne s'acquiert plus; des choses toutes simples, pour celui qui a humé, enfant, l'air du boulevard, sont impraticables à un homme de trente-trois ans qui arrive dans la grande ville avec peu de relations, pas de rentes et l'inexpérience de la solitude. Alors de mauvais jours commencèrent.

Sa première œuvre, *Madame de Montarcy*, reçue à correction par le Théâtre-Français, puis refusée à une seconde lecture, attendit pendant deux ans, et ne parvint sur la scène de l'Odéon qu'au mois de novembre 1856.

Ce fut une représentation splendide. Dès le second acte les bravos interrompirent souvent les acteurs; un souffle de jeunesse circulait dans la salle; on eut quelque chose des émotions de 1830. Le succès se confirma. Son nom était connu.

Il aurait pu l'exploiter, collaborer, se répandre, gagner de l'argent. Mais il s'éloigna du bruit, pour aller vivre à Mantes dans une petite maison, à l'angle du pont, près d'une vieille tour. Ses amis venaient le voir le dimanche; sa pièce terminée, il la portait à Paris.

Il en revenait chaque fois avec une extrême lassitude, causée par les caprices des directeurs, les chicanes de la censure, l'ajournement des rendez-vous, le temps perdu, — ne comprenant pas que l'Art dans les questions d'art pût tenir si peu de place! Quand il fit partie d'une commission nommée pour détruire les abus au Théâtre-Français, il fut le seul de tous les membres qui n'articula pas de plaintes sur le tarif des droits d'auteur.

Avec quel plaisir il se remettait à sa distraction quotidienne : l'apprentissage du chinois, car il l'étudia pendant dix ans de suite, uniquement pour se pénétrer du génie de la race, voulant faire plus tard un grand poëme sur le Céleste Empire; ou bien, les jours que le cœur étouffait trop, il se soulageait par des vers lyriques de la contrainte du théâtre.

La chance, favorable à ses débuts, avait tourné; mais la *Conjuration d'Amboise* fut une revanche qui dura tout un hiver.

Six mois plus tard, la place de conservateur à la bibliothèque municipale de Rouen lui fut donnée. C'était le loisir et la fortune, un rêve ancien qui se réalisait. Presque aussitôt, une langueur le saisit, — épuisement de sa lutte trop longue. Pour s'en distraire, il essaya de différents travaux, il annotait Dubartas, relevait dans Origène les passages de Celse, avait repris les tragiques grecs, et il composa rapidement sa dernière pièce, *Mademoiselle Aïssé*.

Il n'eut pas le temps de la relire. Son mal (une albuminurie connue trop tard) était irrémédiable, et le 18 juillet 1869, il expira sans douleur, ayant près de lui une vieille amie de sa jeunesse, avec un enfant qui n'était pas le sien, et qu'il chérissait comme son fils.

Leur tendresse avait redoublé pendant les derniers jours. Mais deux autres personnes se montrèrent simplement atroces, — comme pour confirmer cette règle qui veut que les poëtes trouvent dans leur famille les plus amers découragements; car les observations énervantes, les sarcasmes mielleux, l'outrage direct fait à la Muse, tout ce qui renfonce dans le désespoir, tout ce qui vous blesse au cœur, rien ne lui a manqué, — jusqu'à l'empiétement sur la conscience, jusqu'au viol de l'agonie!

Ses compatriotes se portèrent à ses funérailles comme à l'enterrement des hommes publics, les moins lettrés comprenant qu'une intelligence supérieure venait de s'éteindre, qu'une grande force était perdue. La presse parisienne tout entière s'associa à cette douleur; les plus hostiles même n'épargnèrent pas les regrets; ce fut comme une couronne envoyée de loin sur son tombeau. Un écrivain catholique y jeta de la fange.

Sans doute, les connaisseurs de vers doivent déplorer qu'une lyre pareille soit muette pour toujours; mais ceux qu'il avait initiés à ses plans, qui profitèrent de ses conseils, qui enfin connaissaient toute la puissance de son esprit, peuvent seuls se figurer à quelle hauteur il serait parvenu.

Il laisse, outre ce volume et *Aïssé*, trois comédies en prose, une féerie, et le premier acte du *Pèlerinage de Saint-Jacques*, drame en vers et en dix tableaux.

Il avait en projet deux petits poëmes: l'un intitulé *le Bœuf* pour peindre la vie rustique du Latium; l'autre, *le Dernier Banquet*, aurait fait voir un cénacle de patriciens qui, pendant la nuit où les soldats d'Alaric vont prendre Rome, s'empoisonnent tous dans un festin, en disant la grandeur de l'antiquité et la petitesse du monde moderne. De plus, il voulait faire un roman sur les païens du vᵉ siècle, contre-partie des *Martyrs*, mais avant tout son conte chinois, dont le scénario est complétement écrit ; enfin, comme ambition suprême, un poëme résumant la science moderne et qui aurait été le *de Naturâ rerum* de notre âge.

## III

A qui appartient-il de classer les talents des contemporains, comme si on était supérieur à tous, de dire : Celui-ci est le premier, celui-là le second, cet autre le troisième? Les revirements de la célébrité sont nombreux. Il y a des chutes sans retour, de longues éclipses, des réapparitions triomphantes. Ronsard, avant Sainte-Beuve, n'était-il pas oublié? Autrefois Saint-Amant passait pour un moindre poëte que Jacques Delille. *Don Quichotte, Gil Blas, Manon Lescaut, la Cousine Bette* et tous les chefs-d'œuvre du roman n'ont pas eu le succès de *l'Oncle Tom*. J'ai entendu dans ma jeunesse faire des parallèles entre Casimir Delavigne et Victor Hugo ; et il semble que « notre grand poëte national » commence à déchoir. Donc il convient d'être timide. La postérité nous déjuge. Elle

## PRÉFACE.

rira peut-être de nos dénigrements, plus encore de nos admirations; — car la gloire d'un écrivain ne relève pas du suffrage universel, mais d'un petit groupe d'intelligences qui à la longue impose son jugement.

Quelques-uns vont se récrier que je décerne à mon ami une place trop haute. Ils ne savent pas plus que moi celle qui lui restera.

Parce que son premier ouvrage est écrit en stances de six vers, à rimes triplées, comme *Namouna*, et débute ainsi :

> De tous ceux qui jamais ont promené dans Rome,
> Du quartier de Suburre au mont Capitolin,
> Le cothurne à la grecque et la toge de lin,
> Le plus beau fut Paulus,

tournure pareille à cette autre :

> De tous les débauchés de la ville du monde
> Où le libertinage est à meilleur marché,
> De la plus vieille en vice et de la plus féconde
> Je veux dire Paris, le plus grand débauché
> C'était Jacques Rolla.

Sans rien voir de plus, et méconnaissant toutes les différences de facture, de poétique et de tempérament, on a déclaré que l'auteur de *Mélænis* copiait Alfred de Musset! Ce fut une condamnation sans appel, une rengaine, — tant il est commode de poser sur les choses une étiquette pour se dispenser d'y revenir.

Je voudrais bien n'avoir pas l'air d'insulter les dieux. Mais qu'on m'indique, chez Musset, un ensemble quelconque où la description, le dialogue et l'intrigue s'enchaînent pendant plus de deux mille vers, avec une telle suite de composition et une pareille tenue dans le langage, une œuvre enfin de cette envergure-là ? Quel art il a fallu pour reproduire toute la société romaine d'une manière qui ne sentit pas le pédant, et dans les bornes étroites d'une fable dramatique !

Si l'on cherche dans les poésies de Louis Bouilhet l'idée mère, l'élément génial, on y trouvera une sorte de naturalisme, qui fait songer à la Renaissance. Sa haine du commun l'écartait de toute platitude, sa pente vers l'héroïque était rectifiée par de l'esprit ; car il avait beaucoup d'esprit, — et c'est même une face de son talent, presque inconnue ; il la tenait un peu dans l'ombre, la jugeant inférieure. Mais, à présent, rien n'empêche d'avouer qu'il excellait aux épigrammes, quatrains, acrostiches, rondeaux, bouts-rimés et autres « joyeusetés » faites par distraction, comme débauche. Il en faisait aussi par complaisance. Je retrouve des discours officiels pour des fonctionnaires, des compliments de jour de l'an pour une petite fille, des stances pour un coiffeur, pour le baptême d'une cloche, pour le passage d'un souverain. Il dédia à un de nos amis blessé en 1848, une ode sur le patron de *la Prise de Namur*

## PRÉFACE.                                   21

où l'emphase atteint au sublime de l'ennui. Un autre ayant abattu d'un coup de fouet une vipère, il lui expédia un morceau intitulé : *Lutte d'un monstre et d'un artiste français*, qui contient assez de tournures poncives, de métaphores boiteuses et de périphrases idiotes pour servir de modèle ou d'épouvantail. Mais son triomphe c'était le genre Béranger! Quelques intimes se rappelleront éternellement *le Bonnet de coton*, un chef-d'œuvre célébrant « la gloire, les belles et la philosophie », à faire crever d'émulation tous les membres du Caveau¹!

Il avait le don de l'amusement, — chose rare chez un poëte. Que l'on oppose les pièces chinoises aux pièces romaines, *Néera* au *Lied-normand*, *Pastel* à *Clair de lune*, *Chronique de printemps* à *Sombre Églogue*, *le Navire* à *une Soirée*, et on reconnaitra combien il était fertile et ingénieux.

Il a dramatisé toutes les passions, dit les plaintes de la momie, les triomphes du néant, la tristesse des pierres, exhumé des mondes, peint des peuples barbares, fait des paysages de la Bible et des chants de nourrices. Quant à la hauteur de son imagination, elle paraît suffisamment prouvée par les *Fossiles*, cette œuvre que Théophile Gautier appelait « la plus difficile, peut-être, qu'ait tentée un poëte! » j'ajoute : le

---

1. Voir à la fin du volume.

seul poëme scientifique de toute la littérature française qui soit cependant de la poésie. Les stances à la fin sur l'homme futur montrent de quelle façon il comprenait les plus transcendantes utopies ; — et sa *Colombe* restera peut-être comme la profession de foi historique du XIXe siècle en matière religieuse. A travers cette sympathie universelle son individualité perce nettement ; elle se manifeste par des accents lugubres ou ironiques dans *Dernière Nuit, A une femme, Quand vous m'avez quitté, boudeuse*, etc., tandis qu'elle éclate d'une manière presque sauvage dans *la Fleur rouge*, ce cri unique et suraigu.

Sa forme est bien à lui, sans parti pris d'école, sans recherche de l'effet, souple et véhémente, pleine et imagée, musicale toujours. La moindre de ses pièces a une composition. Les rejets, les entrelacements, les rimes, tous les secrets de la métrique, il les possède ; aussi son œuvre fourmille-t-elle de bons vers, de ces vers tout d'une venue et qui sont bons partout, dans *le Lutrin* comme dans *les Châtiments*. Je prends au hasard :

— S'allonge en crocodile et finit en oiseau. »[1]
— Un grand ours au poil brun, coiffé d'un casque d'or.
— C'était un muletier qui venait de Capoue.
— Le ciel était tout bleu, comme une mer tranquille.
— Mille choses qu'on voit dans le hasard des foules.

1. Pour décrire un ptérodactyle.

Et celui-ci pour la sainte Vierge :

Pâle éternellement d'avoir porté son Dieu.

Car il est classique, dans un certain sens. *L'Oncle Million* entre autres, n'est-il pas d'un français excellent?

Des vers! écrire en vers. Mais c'est une folie!
J'en sais de moins timbrés qu'on enferme et qu'on lie!
Morbleu! qui parle en vers? la belle invention!
Est-ce que j'en fais, moi? l'imagination,
Est-ce que j'en ai, moi? Fils de mes propres œuvres,
Il m'a fallu, mon cher, avaler des couleuvres
Pour te donner un jour le plaisir émouvant
De guetter, lyre en main, l'endroit d'où vient le vent!
Ces frivolités-là sagement entendues
Sont bonnes, si l'on veut, à nos heures perdues;
Moi-même, j'ai connu dans une autre maison
Un commis bon enfant qui tournait la chanson.

. . . . . . . . . . . . . . . . . . . . . .

et plus loin :

Mais je dis que Léon n'est pas même un poëte!
Lui, poëte, allons donc! que me chantez-vous là,
Moi qui l'ai vu chez nous, pas plus haut que cela!
Comment? qu'a-t-il en lui qui passe l'ordinaire?
C'est un écervelé, c'est un visionnaire,
C'est un simple idiot, et je vous réponds, moi,
Qu'il fera le commerce, ou qu'il dira pourquoi!

Voilà un style qui va droit au but, où l'on ne sent

pas l'auteur; le mot disparaît dans la clarté même de l'idée, ou plutôt, se collánt dessus, ne l'embarrasse dans aucun de ses mouvements, et se prête à l'action.

Mais on m'objectera que toutes ces qualités sont perdues à la scène, bref qu'il : « n'entendait pas le théâtre ! »

Les soixante-dix-huit représentations de *Montarcy*, les quatre-vingts d'*Hélène Peyron* et les cent cinq de *la Conjuration d'Amboise*, témoignent du contraire. Puis il faudrait savoir ce qui convient au théâtre, — et d'abord reconnaître qu'une question y domine toutes les autres : celle du succès, du succès immédiat et lucratif.

Les plus expérimentés s'y trompent, — ne pouvant suivre assez promptement les variations de la mode. Autrefois on allait au spectacle pour entendre de belles pensées en beau langage; vers 1830, on a aimé la passion furieuse, le rugissement à l'état fixe; plus tard, une action si rapide que les héros n'avaient pas le temps de parler; ensuite la thèse, le but social; après quoi est venue la rage des traits d'esprit; et maintenant toute faveur semble acquise à la reproduction des plus niaises vulgarités.

Certainement Bouilhet estimait peu les thèses, il avait en horreur « les mots », il aimait les développements et considérait le réalisme, ou ce qu'on nomme ainsi, comme une chose fort laide. Les grands effets ne pouvant s'obtenir par les demi-teintes, il préférait les caractères tranchés, les situations violentes, et c'est pour cela qu'il était bien un poëte tragique.

Son intrigue faiblit, quelquefois, par le milieu. Mais dans les pièces en vers, si elle était plus serrée, elle étoufferait toute poésie. Sous ce rapport, du reste, *la Conjuration d'Amboise* et *Mademoiselle Aissé* marquent un progrès ; — et, pour qu'on ne m'accuse pas d'aveuglement, je blâme dans *Madame de Montarcy* le caractère de Louis XIV trop idéalisé, dans *l'Oncle Million* la feinte maladie du notaire, dans *Hélène Peyron* des longueurs à l'avant-dernière scène du 4º acte, et dans *Dolorès* le défaut d'harmonie entre le vague du milieu et la précision du style ; enfin ses personnages parlent trop souvent en poëtes, ce qui ne l'empêchait pas de savoir amener les coups de théâtre, exemples : la réapparition de Marceline chez M. Daubret, l'entrée de dom Pèdre au 3º acte de *Dolorès*, la comtesse de Brisson dans le cachot, le commandeur à la fin d'*Aissé*, et Cassius revenant comme un spectre chez l'impératrice *Faustine*. On a été injuste pour cette œuvre. On n'a pas compris, non plus, l'atticisme de *l'Oncle Million*, la mieux écrite peut-être de toutes ses pièces, comme *Faustine* en est la plus rigoureusement combinée.

Elles sont toutes, au dénoûment, d'un large pathétique, animées d'un bout à l'autre par une passion vraie, pleines de choses exquises et fortes. Et comme il est bien fait pour la voix, cet hexamètre mâle, avec ses mots qui donnent le frisson, et ces élans cornéliens pareils à de grands coups d'aile !

C'est le ton épique de ses drames qui causait l'enthousiasme aux premières représentations. Du reste, ces triomphes l'enivraient fort peu, car il se disait que les plus hautes parties d'une œuvre ne sont pas toujours les mieux comprises, et qu'il pouvait avoir réussi par des côtés inférieurs.

S'il avait fait en prose absolument les mêmes pièces, on eût, peut-être, exalté son génie dramatique. Mais il eut l'infortune de se servir d'un idiome détesté généralement. On a dit d'abord « pas de comédie en vers ! » plus tard « pas de vers en habit noir ! » pour en venir à cet axiome : « pas de vers au théâtre ! » quand il est si simple de confesser qu'on n'en désire nulle part.

Mais c'était sa véritable langue. Il ne traduisait pas de la prose. Il pensait par les rimes, — et les aimait tellement qu'il en lisait de toutes les sortes, avec une attention égale. Quand on adore une chose, on en chérit la doublure ; les amateurs de spectacle se plaisent dans les coulisses ; les gourmands s'amusent à voir faire la cuisine ; les mères ne rechignent pas à débarbouiller leurs marmots. La désillusion est le propre des faibles. Méfiez-vous des dégoûtés ; ce sont presque toujours des impuissants.

# IV

Lui, — il pensait que l'Art est une chose sérieuse, ayant pour but de produire une exaltation vague, et même que c'est là toute sa moralité. J'extrais d'un cahier de notes les trois passages suivants :

« Dans la poésie, il ne faut pas considérer si les mœurs sont vertueuses, mais si elles sont pareilles à celles de la personne qu'elle introduit. Aussi nous décrit-t-elle indifféremment les bonnes et les mauvaises actions, sans nous proposer les dernières pour exemple. »
Pierre Corneille.

« L'Art, dans ses créations, ne doit penser à plaire qu'aux facultés qui ont vraiment le droit de le juger. S'il fait autrement, il marche dans une voie fausse. »

GŒTHE.

« Toutes les beautés intellectuelles qui s'y trouvent (dans un beau style), tous les rapports dont il est composé, sont autant de vérités aussi utiles, et peut-être plus précieuses pour l'esprit public que celles qui peuvent faire le fond du sujet. »

BUFFON.

Ainsi l'Art, ayant sa propre raison en lui-même, ne doit pas être considéré comme un moyen. Malgré tout le génie que l'on mettra dans le développement de telle fable prise pour exemple, une autre fable pourra servir de preuve contraire ; car les dénoûments ne sont point des conclusions; d'un cas particulier il ne faut rien induire de général; — et les gens qui se croient par là progressifs vont à l'encontre de la science moderne, laquelle exige qu'on amasse beaucoup de faits avant d'établir une loi. Aussi Bouilhet se gardait-il de *l'art prêcheur* qui veut enseigner, corriger, moraliser. Il estimait encore moins *l'art joujou* qui cherche à distraire comme les cartes, ou à émouvoir comme la cour d'assises; et il n'a point fait de *l'art démocratique*, convaincu que la forme pour être accessible à tous doit descendre très-bas, et qu'aux époques civilisées on devient niais lorsqu'on essaye d'être naïf. Quant à *l'art officiel*, il en a repoussé les avantages, parce qu'il aurait fallu défendre des causes qui ne sont pas éternelles.

Fuyant les paradoxes, les nosographies, les curiosités, tous les petits chemins, il prenait la grande route, c'est-à-dire les sentiments généraux, les côtés immuables de l'âme humaine, et, comme « les idées forment le fond du style », il tâchait de bien penser, afin de bien écrire.

Jamais il n'a dit :

Le mélodrame est bon, si Margot a pleuré,

lui qui a fait des drames où l'on a pleuré, ne croyant pas que l'émotion pût remplacer l'artifice.

Il détestait cette maxime nouvelle qu' « il faut écrire comme on parle ». En effet, le soin donné à un ouvrage, les longues recherches, le temps, les peines, ce qui autrefois était une recommandation est devenu un ridicule, — tant on est supérieur à tout cela, tant on regorge de génie et de facilité !

Il n'en manquait pas, cependant ; ses acteurs l'ont vu faire au milieu d'eux des retouches considérables. L'inspiration, disait-il, doit être amenée et non subie.

La plastique étant la qualité première de l'Art, il donnait à ses conceptions le plus de relief possible, suivant le même Buffon qui conseille d'exprimer chaque idée par une image. Mais les bourgeois trouvent, dans leur spiritualisme, que la couleur est une chose trop matérielle pour rendre le sentiment ; — et puis le bon sens français, d'aplomb sur son paisible bidet, tremble d'être emporté dans les cieux, et crie à chaque minute « trop de métaphores! » comme s'il en avait à revendre.

Peu d'auteurs ont autant pris garde au choix des mots, à la variété des tournures, aux transitions, — et il n'accordait pas le titre d'écrivain à celui qui ne possède que certaines parties du style. Combien des plus vantés seraient incapables de faire une narration, de joindre bout à bout une analyse, un portrait et un dialogue !

Il s'enivrait du rhythme des vers et de la cadence de la prose qui doit, comme eux, pouvoir être lue tout haut. Les phrases mal écrites ne résistent pas à cette épreuve ; elles oppressent la poitrine, gênent les battements du cœur, et se trouvent ainsi en dehors des conditions de la vie.

Son libéralisme lui faisait admettre toutes les écoles ; Shakespeare et Boileau se coudoyaient sur sa table.

Ce qu'il préférait chez les Grecs, c'était l'*Odyssée* d'abord, puis l'immense Aristophane, et parmi les latins, non pas les auteurs du temps d'Auguste (excepté Virgile), mais les autres qui ont quelque chose de plus roide et de plus ronflant, comme Tacite et Juvénal. Il avait beaucoup étudié Apulée.

Il lisait Rabelais continuellement, aimait Corneille

et Lafontaine, — et tout son romantisme ne l'empêchait pas d'exalter Voltaire.

Mais il haïssait les discours d'académie, les apostrophes à Dieu, les conseils au peuple, ce qui sent l'égout, ce qui pue la vanille, la poésie de bouzingot, et la littérature talon-rouge, le genre pontifical et le genre chemisier.

Beaucoup d'élégances lui étaient absolument étrangères, telles que l'idolâtrie du xviie siècle, l'admiration du style de Calvin, le gémissement continu sur la décadence des arts. Il respectait fort peu M. de Maistre. Il n'était pas ébloui par Proud'hon.

Les esprits sobres, selon lui, n'étaient rien que des esprits pauvres; et il avait en horreur le faux bon goût, plus exécrable que le mauvais, toutes les discussions sur le Beau, le caquetage de la critique. Il se serait pendu plutôt que d'écrire une préface. Voici qui en dira plus long; c'est une page d'un calepin ayant pour titre *Notes et projets* — Projets!

« Ce siècle est essentiellement pédagogue. Il n'y a pas de grimaud qui ne débite sa harangue, pas de livre si piètre qui ne s'érige en chaire à prêcher! Quant à la forme, on la proscrit. S'il vous arrive de bien écrire, on vous accuse de n'avoir pas d'idées. Pas d'idées, bon Dieu! Il faut être bien sot, en effet, pour s'en passer au prix qu'elles coûtent. La recette est simple; avec deux ou trois mots : « avenir, progrès, société », fussiez-vous Topinambou, vous êtes poëte ! Tâche commode qui encourage les imbéciles et console les envieux. O médiocratie fétide, poésie utilitaire, littérature de pions, bavardages esthétiques, vomissements économiques, produits scrofuleux d'une nation épuisée, je vous exècre de toutes les puissances de mon âme ! Vous n'êtes pas la gangrène, vous êtes l'atrophie ! Vous n'êtes pas le phlegmon rouge et chaud des époques fiévreuses, mais l'abcès froid aux bords pâles, qui descend, comme d'une source, de quelque carie profonde ! »

Au lendemain de sa mort, Théophile Gautier écrivait : « Il portait haut la vieille bannière déchirée en tant de combats, on peut s'y rouler comme dans un linceul. La valeureuse bande d'Hernani a vécu. »

Cela est vrai. Ce fut une existence complétement dévouée à l'idéal, un des rares desservants de la littérature pour elle-même, derniers fanatiques d'une religion près de s'éteindre — ou éteinte.

« Génie de second ordre, » dira-t-on. Mais ceux du quatrième ne sont pas maintenant si communs ! Regardez comme le désert s'élargit ! un souffle de bêtise, une trombe de vulgarité nous enveloppe, prêt à recouvrir toute élévation, toute délicatesse. On se sent heureux de ne plus respecter les grands hommes, et peut-être allons-nous perdre avec la tradition littéraire, ce je ne sais quoi d'aérien qui mettait dans la vie quelque chose de plus haut qu'elle. Pour faire des œuvres durables, il ne faut pas rire de la gloire. Un peu d'esprit se gagne par la culture de l'imagination et beaucoup de noblesse dans le spectacle des belles choses.

Et puisqu'on demande à propos de tout une moralité, voici la mienne :

Y a-t-il quelque part deux jeunes gens qui passent leurs dimanches à lire ensemble les poëtes, à se communiquer ce qu'ils ont fait, les plans des ouvrages qu'ils voudraient écrire, les comparaisons qui leur sont venues, une phrase, un mot, — et, bien que dédaigneux du reste, cachant cette passion avec une pudeur de vierge, je leur donne un conseil :

Allez côte à côte dans les bois, en déclamant des vers, mêlant votre âme à la séve des arbres et à l'éternité des chefs-d'œuvre, perdez-vous dans les rêveries de l'histoire, dans les stupéfactions du sublime! Usez votre jeunesse aux bras de la Muse! Son amour console des autres, et les remplace.

Enfin, si les accidents du monde, dès qu'ils sont perçus, vous apparaissent transposés comme pour l'emploi d'une illusion à décrire, tellement que toutes les choses, y compris votre existence, ne vous sembleront pas avoir d'autre utilité, et que vous soyez résolus à toutes les avanies, prêts à tous les sacrifices, cuirassés à toute épreuve, lancez-vous, publiez!

Alors, quoi qu'il advienne, vous verrez les misères de vos rivaux sans indignation et leur gloire sans envie; car le moins favorisé se consolera par le succès du plus heureux; celui dont les nerfs sont robustes soutiendra le compagnon qui se décourage; chacun apportera dans la communauté ses acquisitions particulières; et ce contrôle réciproque empêchera l'orgueil et ajournera la décadence.

Puis, quand l'un sera mort — car la vie était trop belle, — que l'autre garde précieusement sa mémoire pour lui faire un rempart contre les bassesses, un recours dans les défaillances, ou plutôt comme un oratoire domestique où il ira murmurer ses chagrins et détendre son cœur. Que de fois, la nuit, jetant les yeux dans les ténèbres, derrière cette lampe qui éclairait leurs deux fronts, il cherchera vaguement une ombre prêt à l'interroger : « Est-ce ainsi ? que dois-je faire ? réponds-moi! » — Et si ce souvenir est l'éternel aliment de son désespoir, ce sera, du moins, une compagnie dans sa solitude.

GUSTAVE FLAUBERT.

20 Juin 1870.

# DERNIÈRES CHANSONS

I

I

# IMITÉ DU CHINOIS

In-Kiao-Li.

Sous des déguisements divers,
Plâtre ou fard, selon ton envie,
Masque tes mœurs, cache ta vie,
Sois honnête homme, en fait de vers!

Un seul beau vers est une source
Qui, dans les siècles, coulera.
Dix ans, peut-être, on pleurera
Quelques mots trop prompts à la course.

La strophe aux gracieux dessins,
Où l'œil, en vain, cherche une faute,
N'est pas d'une valeur moins haute
Que la relique de nos saints.

Mais aussi, point de flatteries
Pour l'inepte ou le maladroit!
Le pur lettré seul a le droit
D'en arranger les broderies.

Tout poëme perd ses appas
Dans les bassesses du parlage.
Si nous traversons un village,
Causons-y, — mais n'y chantons pas!

II

## II

## LA COLOMBE


Quand chassés, sans retour, des temples vénérables,
Tordus au vent de feu qui soufflait du Thabor,
Les grands Olympiens étaient si misérables
Que les petits enfants tiraient leur barbe d'or;

Durant ces jours d'angoisse où la terre étonnée
Portait, comme un fardeau, l'écroulement des cieux,
Un seul homme, debout contre la destinée,
Osa, dans leur détresse, avoir pitié des dieux.

C'était un large front, — un Empereur, — un sage,
Assez haut sur son trône et sur sa volonté
Pour arrêter du doigt tout un siècle au passage,
Et donner son mot d'ordre à la Divinité.

Or, un soir qu'il marchait avec ses capitaines,
Incliné sous ce poids de l'avenir humain,
Il aperçut, au fond des brumes incertaines,
Un vieux temple isolé, sur le bord d'un chemin;

Un vieux temple isolé, plein de mornes visages,
Un de ces noirs débris, au souvenir amer,
Qui dorment échoués sur la grève des âges,
Quand les religions baissent comme la mer.

Le seuil croulait; la pluie avait rongé la porte;
Toute la lune entrait par les toits crevassés.
Au milieu de la route, il quitta son escorte,
Et s'avança, pensif, au long des murs glacés.

Les colonnes de marbre, à ses pieds, abattues,
Jonchaient de toutes parts les pavés précieux;
L'herbe haute montait au ventre des statues,
Des cigognes rêvaient sur l'épaule des dieux.

Parfois, dans le silence, éclatait un bruit d'aile,
On entendait, au loin, comme un frisson courir;
Et, sur les grands vaincus penchant son front fidèle,
Phœbé, froide comme eux, les regardait mourir.

Et comme il restait là, perdu dans ses pensées,
Des profondeurs du temple il vit se détacher,
Avec un bruit confus de plaintes cadencées,
Une lueur tremblante et qui semblait marcher.

Cela se rapprochait et sonnait sur les dalles.
C'était un grand vieillard qui pleurait en chemin,
Courbé, maigre, en haillons, et traînant ses sandales,
Une tiare au front, une lampe à la main.

Il cachait sous sa robe une blanche colombe ;
Dernier prêtre des dieux, il apportait encor
Sur le dernier autel la dernière hécatombe...
Et l'Empereur pleura, — car son rêve était mort !

Il pleura, jusqu'au jour, sous cette voûte noire.
Tu souriais, ô Christ, dans ton paradis bleu,
Tes chérubins chantaient sur des harpes d'ivoire,
Tes anges secouaient leurs six ailes de feu !

Et du morne Empyrée insultant la détresse,
Comme au bord d'un grand lac aux flots étincelants,
Dans le lait lumineux perdu par la Déesse,
Tes martyrs couronnés lavaient leurs pieds sanglants !

Tu régnais, sans partage, au ciel et sur la terre ;
Ta croix couvrait le monde et montait au milieu ;
Tout, devant ton regard, tremblait, — jusqu'à ta mère,
Pâle éternellement d'avoir porté son Dieu.

Mais tu ne savais pas le mot des destinées,
O toi qui triomphais, près de l'Olympe mort ;
Vois : c'est le même gouffre... avant deux mille années,
Ton ciel y descendra, — sans le combler encor !

Tu connaîtras aussi, ployé sous l'anathème,
La désaffection des peuples et des rois,
Si pauvre et si perdu que tu n'auras plus même,
Pour t'y coucher en paix, la largeur de ta croix !

Ton dernier temple, ô Christ, est froid comme une tombe ;
Ta porte n'ouvre plus sur le vaste Avenir ;
Voilà que le jour baisse et qu'on entend venir
Le vieux prêtre courbé, qui porte une colombe !

III

III

# CONFIANCE

### SONNET

Quoi ! sans te soucier de l'Océan qui gronde,
Tu veux ta place à bord, sur mon vaisseau perdu ;
Et pour dire à Colomb qu'il a trouvé son monde,
Tu n'attends pas, enfant, qu'il en soit revenu !

Dans tes bras frémissants j'ai mis ma tête blonde.
J'ai bu ton souffle en feu, dans mon sein répandu ;
Et, comme le pêcheur voit la perle sous l'onde,
Dans ton regard charmant j'ai vu ton cœur à nu.

Sois bénie, à jamais, pour cette foi sublime!
Sans redouter les flots je braverai l'abîme,
Puisque j'ai ton amour, comme une étoile, aux cieux.

Et mon mon restera, triomphant et sonore,
Afin que, dans mille ans, la terre sache encore,
O mon ange adoré, la couleur de tes yeux!

IV

## SOLDAT LIBRE

Soldat libre, au léger bagage,
J'ai mis ma pipe à mon chapeau,
Car la milice où je m'engage
N'a ni cocarde ni drapeau.

La caserne ne me plaît guère,
Les uniformes me vont peu ;
En partisan, je fais la guerre,
Et je campe sous le ciel bleu.

La liberté, que l'on croit morte
Pour quelques heures de sommeil,
Près de moi se chauffe à la porte
De ma tente ouverte au soleil.

Je suis sourd au clairon d'un maître,
La consigne expire à mon seuil ;
Nul, hormis Dieu, ne peut connaître
Ce grand secret de mon orgueil.

Parmi les champs de poésie
Je fourrage, sans mission ;
Le capitaine est Fantaisie,
Le mot du guet Occasion !

Et, loin de la poussière aride
Où sont marqués les pas humains,
Je cours, sur un cheval sans bride,
Dans des campagnes sans chemins !...

V

## A ROSETTE

Mai sourit au firmament,
Mai, le mois des douces choses;
Ton aveu le plus charmant
Est venu le jour des roses.

Pour témoins de ce bonheur
Nous avons pris, ô ma belle,
Le premier lilas en fleur,
Et la première hirondelle.

Le vallon sait notre amour,
Les grands bois sont nos complices;
Les lis gardent, loin du jour,
Ton secret, dans leurs calices!

Les papillons nuancés
Et les vertes demoiselles
Portent tes serments tracés
Sur la poudre de leurs ailes.

L'étreinte des lierres frais,
Verts chaînons que rien ne brise,
Figure, dans les forêts,
L'ardeur que tu m'as promise.

Et pour qu'à notre dessein
Ton souvenir soit fidèle,
Sur les rondeurs de ton sein,
Tous les nids ont pris modèle.

Oh ! ne trahis pas ta foi !
Regarde, mon cœur, regarde :
Tout l'azur a l'œil sur toi,
Et tout le printemps te garde !

Si tu venais à mentir,
Les muguets, aux fines branches,
Feraient tous, pour m'avertir,
Tinter leurs clochettes blanches ;

Les limaçons consternés,
Comme des prophètes mornes,
Par les chemins détournés,
Me suivraient avec des cornes:

Et les oiseaux, dans la nuit,
Se heurtant à ma fenêtre,
Me rapporteraient le bruit
De ta rigueur prête à naître!

Hélas! hélas! les beaux jours
N'ont qu'un temps, comme les roses,
J'ai peur des grands étés lourds
Et des grands hivers moroses!

Ces mois-là n'ont rien promis,
Et tous les crimes s'y peuvent,
Sans que les blés endormis
Ou les glaçons froids s'émeuvent.

O mon ange! ô mon trésor!
Cher bonheur que Dieu me donne,
Jure-moi d'aimer encor,
Lorsque jaunira l'automne!

Jure-moi!... — Mais tu souris
De mes alarmes trop fortes...
Viens!...les rameaux sont fleuris,
Oublions les feuilles mortes!

VI

> Tecum abeam libens :
> (Horat.)

Oh! serait-ce vrai, ma belle,
Ce qu'un prêtre m'a conté,
Qu'une torture éternelle
Suit la douce volupté,
Que la blanche main des femmes
Sans cesse attire nos âmes
Au fond des gouffres ardents,
Et qu'au ténébreux empire
On doit payer un sourire
Par des grincements de dents?

Ta lèvre en doux mots abonde
Et tu riras de mes fers,
Juliette, dans ce monde,
Astarté, dans les enfers !
Oui, — je le sens, dans mon âme —
Satan pour sœur te réclame
Aux rivages embrasés ;
Car ton regard est de flamme,
Et brûlants sont tes baisers !

Calmes dans leur allégresse,
Jamais les élus aux cieux
N'ont bu cette ardente ivresse
Qui pétille dans tes yeux ;
Pour eux jamais, ô ma belle,
Tant d'amour ne chargea l'aile
Du timide séraphin,
Et l'éternelle ambroisie
Contient moins de poésie
Qu'une goutte de ton vin !

Démon ! démon ! que m'importe
Que par une dure loi
Le ciel me ferme sa porte

Si j'ai l'enfer avec toi?
Fille des sombres phalanges,
Rions des craintes étranges
Qui planent sur les tombeaux;
J'aurais plutôt peur des anges,
Quand les diables sont si beaux!

VII

## VII

## SERÉNADE

### Les Musiciens.

Le soir a tendu ses voiles.
Éveillons, à petit bruit,
La plus blanche des étoiles
Qui manque au front de la nuit.

### Un Chanteur.

J'ai dans mon cœur une belle
Que j'adore nuit et jour;

Une lampe est devant elle,
La lampe de mon amour!


Dans cette chapelle austère
Que desservent mes douleurs,
Tous mes rêves sont à terre,
Effeuillés comme des fleurs.


La Détresse, en cape noire,
Tient, goutte à goutte amassés
Dans un bénitier d'ivoire,
Tous les pleurs que j'ai versés!


Le seul encensoir qui fume
A l'autel silencieux,
C'est mon âme qui s'allume
Sous le rayon de tes yeux.


Apaise enfin ta colère,
Toi que Dieu fit pour charmer;
Va, c'est un crime de plaire
Quand on ne veut pas aimer!

## Les Musiciens.

Le soir a tendu ses voiles,
Éveillons, à petit bruit,
La plus blanche des étoiles
Qui manque au front de la nuit.

VIII

## VIII

## SOIR D'ÉTÉ

Amis, je veux me perdre au fond du bois sonore.
La lune des sentiers argente le gazon;
Et, comme dans la coupe un vin qui s'évapore,
Déjà monte la brume aux bords de l'horizon.
La bruyante cité, près du fleuve étendue,
Allonge ses grands ponts comme des bras sur l'eau.
Tout soupire et s'endort; et, là-bas sous la nue,
Vénus en souriant agite son flambeau.
Oh! laissez-moi bondir, moi dont l'âme est brisée,
Sous ces feuillages verts où palpitent les nids!

J'aime dans mes cheveux des gouttes de rosée
Et tout autour de moi l'odeur des foins jaunis!

Qui de nous, qui de nous n'a gardé dans son âme,
Chaste et dernier trésor du cœur désenchanté,
Le reflet d'un beau soir et le nom d'une femme,
Un amour à vingt ans par une nuit d'été?
Ne vous souvient-il pas qu'elle était jeune et belle,
Que son collier sonnait sur son col onduleux,
Que l'écharpe à son dos frissonnait comme une aile,
Et que de longs cils noirs ombrageaient ses yeux bleus?
Ne vous souvient-il pas qu'en montant les collines,
Sa main sur votre main doucement s'appuyait,
Et que son sein tremblait sous les dentelles fines
Comme un oiseau farouche en son nid inquiet?
Ne vous souvient-il pas des marguerites blanches,
Oracles odorants effeuillés sous vos doigts,
Et des merles malins qui, blottis sous les branches,
Au bruit de vos baisers s'éveillaient dans les bois?
Oh! n'entendez-vous pas, quand tout dort sous la nue,
De sa voix près de vous frémir encor le son?...
Elle vient, elle vient par la longue avenue,
Et l'écho du rocher répète sa chanson.
Sur le noir de la nuit, sa robe se détache;

Incertaine, elle écoute et se penche en rêvant ;
Et son front, tour à tour, se dévoile ou se cache
Sous ses cheveux épars que soulève le vent.
Regardez : c'est l'amour, c'est l'espoir, c'est la vie !
C'est le bonheur réel loin de vous emporté,
C'est la blonde jeunesse et tout ce qu'on envie
Vous souriant encor dans un rêve enchanté.
C'est ce qu'apporte à ceux qui dorment sous la terre
Le souffle des forêts, des ondes et des fleurs,
Ce que l'oiseau gazouille au cyprès solitaire,
Ce que l'essaim bourdonne au pied du saule en pleurs ;
Oh ! ce qui fait parfois que, sous la lune sombre,
Des antiques linceuls s'agitent les lambeaux,
Et que les morts jaloux vont soulevant dans l'ombre,
De leurs bras décharnés, la pierre des tombeaux.

1847.

IX

## IX

## LA FLEUR ROUGE

A moi seul!... pour moi seul!... Oh! toute ma pensée
Fixe, ardente et jalouse, allait, en frémissant,
Vers cette fleur de pourpre, à ta gorge placée
  Comme une goutte de ton sang;

Chaude émanation, larme rouge, venue
Des sources de ce cœur où tu m'as fait puiser,
Et que j'aurais voulu, sur ta poitrine nue,
  Boire, à genoux, dans un baiser!

Ta robe, autour de toi, flottait comme un nuage;
Tes cheveux déroulés m'embaumaient en passant;
Mais je suivais toujours, sur les bords du corsage.
  L'étoile au disque rougissant.

A moi seul!... pour moi seul!... J'ai la fleur. O folie!
O rêve!... humide encor des tiédeurs de ta peau;
Et cette fleur n'est pas de celles qu'on oublie,
   Ou qu'on attache à son chapeau!


Au plus suave endroit de mon plus cher poëte,
Demain, dans quelque beau volume à tranche d'or,
Grave, religieux, et découvrant ma tête,
   J'ensevelirai mon trésor;


Afin que — tous les deux ayant cessé de vivre —
Quelque couple, ici-bas, jeune et tendre, à son tour,
Devine notre histoire, en exhumant du livre
   Le squelette de notre amour!

X

## X

## LES NEIGES D'ANTAN

I

Ce siècle froid et sérieux
Ne croit plus aux folles chimères;
Ils sont passés les temps joyeux
Dont nous ont parlé nos grand'mères!

Quand l'Amour sensible et bien né,
Secouant des branches fleuries,
Souriait, tout enrubanné,
Dans la fraîcheur des bergeries,

Et, le soir, sous les marronniers,
Pressait la belle qui menace,
Mince, dans sa robe à paniers,
Comme une anguille, dans sa nasse.

Siècle heureux, de bisque nourri,
Dont la morale sans lisières
Se consolait des Dubarri,
Avec la vertu des rosières !

Comme on prenait des airs penchés
Pour mener paître dans la plaine
Quatre moutons endimanchés
Dont on avait frisé la laine !

Et comme, à l'ombre des ormeaux,
C'était une charmante chose
D'entendre au loin vos chalumeaux,
Bergers blonds, en culotte rose !

Pour fuir la cour du roi Pétaud,
Ou les croquants de mince étoffe,
On emportait dans son château
Son singe — avec son philosophe.

Et c'était fête, tous les jours,
Grâce aux amabilités jointes
Du petit chien qui fait des tours
Et de l'abbé qui fait des pointes.

Oh! les soupers sur les balcons!
Les soupers fins, où la campagne
Semblait, au travers des flacons,
De la couleur du vin d'Espagne!

Oh! l'esprit! oh! les bons caquets
Saupoudrés de littérature,
Quand on montait, par les bosquets,
Vers quelque temple à la Nature!

L'ombre, parfois, faisait oser.
Sous l'abri des grottes opaques,
On entendait plus d'un baiser...
Mis sur le compte de Jean-Jacques!

Les vers luisants, dans les gazons,
Brillaient comme des émeraudes;
Le vent emportait les chansons;
La nuit mouillait les têtes chaudes;

Et la bouteille, aux larges flancs
Où l'araignée a mis ses toiles,
Pour les convives chancelants
Doublait le nombre des étoiles !...


II


Hélas ! hélas ! — au gouffre ouvert
Tous sont tombés : — pas un qui bouge !
Un soir, à l'heure du dessert,
Vint à passer l'homme au bras rouge !

Ils se levèrent sans effort,
Le calme au front, l'orgueil dans l'âme,
Doux et polis devant la Mort,
Comme auprès d'une grande dame.

Le jeune au vieux cédait le pas
Avec des grâces enfantines ;
L'urbanité de leur trépas
Fit un salon des guillotines.

On eût dit, à les voir venir
Vers les sanglantes boucheries,
Qu'ils récitaient, pour mieux finir,
L'oraison des galanteries;

Et leur tête, en ces jours ardents
Où le peuple agitait sa foudre,
Tomba — le calembour aux dents —
Avec un nuage de poudre !...

xi

## XI

## LE BOIS QUI PLEURE

Tout est mort! — Vers d'autres climats
Les oiseaux vont chercher fortune,
Et la terre, sous les frimas,
Est blanche, au loin, comme la lune.

Le vent, pareil à cent taureaux,
Mugit au seuil de ma demeure;
Le givre a brodé mes carreaux;
A mon foyer, la bûche pleure:

— « Je me souviens!... je me souviens!...
Au pied des monts... dans le bois sombre...
Mon front large, en ces jours anciens,
Faisait, à terre, une grande ombre!

« Oh ! les cieux en pluie épandus
Sur l'ébullition des sèves !
Oh ! les ravissements perdus
Dans la profondeur de mes rêves !

« Et comme au bord des claires eaux
Frissonnait mon écorce grise,
Sous le pied leste des oiseaux
Ou les caresses de la brise !

« L'hiver venait, chassant l'été ;
Tout s'abritait au toit des villes ;
Seul, je gardais la majesté
Des existences immobiles !

« Et, dressant mon squelette noir
Sur la nudité des champs mornes,
Silencieux dans mon espoir
Des rajeunissements sans bornes,

« J'attendais ces temps plus heureux
Où, sur mes branches découvertes,
Le chant des merles amoureux
Ferait pousser des feuilles vertes !

« Plus de nids!... plus de vents dans l'air,
Secouant à flots mon feuillage!
La hache a, comme un pâle éclair,
Frappé mon tronc durci par l'âge;

« Et, traîné des vallons charmants
Au chantier brutal des banlieues,
J'ai senti mes os, par moments,
Crier sous la scie aux dents bleues!... »

— La pauvre bûche pleure encor;
Mais déjà, dans ses mille étreintes,
Le feu, comme un grand poulpe d'or,
Fait, sans pitié, mourir ses plaintes!

L'âme légère du vieux bois,
Moitié brise et moitié rosée,
Libre pour la première fois,
Flotte sur la cendre embrasée!...

XII

## XIII

## LE SANG DES GÉANTS

Quand les Géants, tordus sous la foudre qui gronde,
Eurent enfin payé leurs complots hasardeux,
La Terre but le sang qui stagnait autour d'eux
Comme un linceul de pourpre étalé sur le monde.

On dit que, prise alors d'une pitié profonde,
Elle cria : « Vengeance! » et, pour punir les dieux,
Fit du sable fumant sortir le cep joyeux
D'où l'orgueil indompté coule à flots, comme une onde!

De là cette colère et ces fougueux transports,
Dès que l'homme, ici-bas, goûte à ce sang des morts
Qui garde, jusqu'à nous, sa rancune éternelle.

O vigne ! ton audace a gonflé nos poumons,
Et, sous ton noir ferment de haine originelle,
Bout encor le désir d'escalader les monts !

XIII

## XIII

## L'ALOÈS

Il poussait, à l'écart, plein d'un immense ennui,
Sinistre, hérissé, comme pour les querelles.
L'abeille, en frissonnant, se détournait de lui;
Les fleurs le regardaient et chuchotaient entre elles.

— « D'où vient qu'il est morose et n'épanouit pas
Son calice odorant sous le baiser des brises?
Au mois des papillons, a-t-il peur des frimas? »
Demandait la pervenche aux jacinthes surprises.

— « Il est donc sourd? » disaient les rosiers éclatants;
— « Aveugle? » murmurait l'œillet à rouge crête;
« Il n'entend pas tinter la cloche du printemps,
Il ne voit pas le ciel dans ses habits de fête! »

Au bruit de leurs discours, le monstre qui dormait
Leva sa tête étrange, avec un long murmure,
Et, tout autour de lui, de la base au sommet,
Son feuillage acéré sonna comme une armure :

— « Pauvres petites fleurs, que je verrai mourir,
« Je ne suis pas gonflé d'une séve ordinaire,
« Mon calice effrayant met un siècle à s'ouvrir,
« Et mes éclosions sont des coups de tonnerre! »

XVI

## XIV

## UNE SOIRÉE

Dix-huit ans ! — Vous croyez ?... c'est le plus !... Blanche et rose,
Comme un pêcher fleuri que l'eau du ciel arrose,
Sous ses cheveux bouclés, elle allongeait son cou
Et ses grands regards bleus allaient on ne sait où.

C'était un bal mêlé d'art;

      Une demoiselle
Mûre, et pour « ces messieurs » déployant un beau zèle,
Avec des soubresauts de la tête et du corps,
Sur un piano sourd varlopait des accords...
En cercle, l'œil béant, près de la cheminée,
Les mamans avalaient la musique ordonnée,
Et l'enfant blanche et rose, en extase, écoutait...
Car, la main sur son cœur, un notaire chantait!

Il chantait — oublieux du contrat qui sommeille —
Je ne sais quel bateau, quelle étoile vermeille.
Quels chérubins frisés voltigeant dans l'azur !
C'était si doux ! c'était si vrai ! c'était si pur !
Les âmes y versaient tant d'amour ! « La Madone »
Rimait si gentiment avec « la fleur qu'on donne, »
Que j'avais peur de voir, pendant ce frais débit,
Germer des plumes d'ange au dos de son habit !...
Un employé rêveur murmurait : « Fantaisies !... »

— O misère !... en dépit des fausses poésies,
Malgré l'air bête et lourd du Monsieur qui chantait,
L'enfant songeait, l'enfant écoutait, palpitait.
Son pauvre petit cœur gonflé de convoitises
Partait pour l'infini — sur l'aile des sottises.
Et ce salon bourgeois, dont on se souviendra,
Prenait, à ses regards, des splendeurs d'Alhambra !

XV

## XV

## SOMBRE ÉGLOGUE

LE VOYAGEUR.

L'ombre sans lune a couvert la campagne ;
Où t'en vas-tu, Pâtre silencieux ?

LE PATRE.

O Voyageur, le souci m'accompagne,
Et, quand tout dort, je marche sous les cieux.

LE VOYAGEUR.

Sans voix qui bêle et sans grelot qui sonne,
Ton noir troupeau s'allonge dans la nuit !...

### LE PATRE.

O Voyageur, ne le dis à personne,
Il est muet le troupeau qui me suit!

### LE VOYAGEUR.

Ce ne sont donc ni des bœufs ni des chèvres
Que tu conduis, ô Pâtre, avant le jour?
Ce chalumeau tout usé par tes lèvres
Ne sait donc pas quelque refrain d'amour?

### LE PATRE.

J'ai dans ma flûte un refrain lamentable;
J'ai dans mon âme un hymne de douleurs
Qui fait, en cercle, autour de mon étable,
Tomber les nids et se faner les fleurs!

### LE VOYAGEUR.

Mais... ce troupeau! qu'ai-je vu?... je frissonne!...
Spectres hideux, à la tombe échappés!

### LE PATRE.

O Voyageur, ne le dis à personne,
C'est le troupeau de mes désirs trompés!

### LE VOYAGEUR.

Ciel! comme on voit, là-bas, grandir la foule!
Leur nombre échappe à mes regards perclus!

### LE PATRE.

Ne compte pas! chaque instant qui s'écoule
Derrière moi, laisse un monstre de plus.

### LE VOYAGEUR.

Quel Dieu t'enchaîne à ce troupeau farouche?
Viens, ô Berger, dans nos vallons fleuris,
Un rossignol chante au bord de ma couche,
Mon toit de paille est tout brodé d'iris!...

### LE PATRE.

Oh! Voyageur, dans tes vallons fidèles
Je ne veux pas montrer ce front pâli.
Nous allons paître au champ des asphodèles,
Nous allons boire aux fleuves de l'oubli!

XVI

## XVII

## MUSIQUE

Quand le vieil Amphion, la cithare à la main,
Bâtissait les remparts de la ville thébaine ;
Quand le bon Josué, soufflant à perdre haleine,
Ébranlait Jéricho de sa trompe d'airain ;

Certe ils avaient tous deux le rhythme souverain,
Bien qu'un effet contraire ait couronné leur peine ;
Et tous deux ont touché, poëte et capitaine,
A des buts différents, par le même chemin.

Amphion ! Josué ! musiciens antiques !
Le temps n'a pas brisé vos instruments magiques,
Prévoyant qu'après vous d'autres s'en serviraient.

Mais, hélas! dans nos jours aux Muses difficiles,
Pour un ou deux chanteurs qui bâtiraient des villes,
Comme on en peut nommer qui les renverseraient!

XVII

## XVII

## EUROPE

Quand, sur le grand taureau, tu fendais les flots bleus,
Vierge phénicienne, Europe toujours belle,
La mer, soumise au Dieu, baisait ton pied rebelle,
Le vent n'osait qu'à peine effleurer tes cheveux !

Un amant plus farouche, un monstre au cou nerveux
T'emporte, maintenant, dans sa course éternelle ;
La rafale, en fureur, te meurtrit de son aile ;
La vague, à ton flanc pur, colle ses plis baveux !

Tes compagnes, de loin, pleurent sur le rivage,
Et, jetant leur prière à l'océan sauvage,
Dans la paix du Passé veulent te retenir.

Mais tu suis, à travers l'immensité sans bornes,
Pâle, et les bras crispés à l'airain de ses cornes,
Ce taureau mugissant qu'on nomme l'Avenir !...

XVIII

XVIII

## LA SOURCE

Ils diront, mesurant la profondeur de l'onde
Et l'horizon bleuâtre où la vague se perd :
« Quel est ce fleuve étrange, épandu sur le monde,
Pur comme le cristal et grand comme la mer ?

Sans doute, il vient des monts avec un bruit immense ;
Il tombe des sommets où l'aigle fait son nid ;
Ou du fond des déserts il s'allonge en silence,
Comme un serpent d'azur sur le sable jauni ! »

Ni des monts escarpés ! ni du désert aride !
Passez votre chemin, voyageurs curieux ;
La source du grand fleuve est cette perle humide
Que j'ai bue au départ, en baisant ses beaux yeux !

XIX

XIX

## BAISER DE MUSE

Je l'ai gardé ce bon baiser de Muse!
Comme une perle, il rayonne à mon front;
Et désormais, qu'on me flatte ou m'accuse,
Sans l'effacer les soucis passeront.

Je l'ai gardé ce baiser de poëte!
Comme un bon vin qui réchauffe au départ,
Quand sur le seuil, au chant de l'alouette,
Le cheval brun hennit dans le brouillard!

Je l'ai gardé dans mon âme sereine
Comme un espoir et comme un souvenir...
Alain Chartier eut un baiser de reine,
Mais de plus haut un baiser peut venir!

Je l'ai gardé, comme ces amulettes
Qui font le cœur plus solide ; — et pourtant,
Bien qu'il soit sot de songer à ses dettes,
Que je voudrais vous le rendre au comptant !

XX

## XX

## A MA BELLE LECTRICE

Oh! votre voix sonnait brève, lente ou pressée,
Suivant les passions et les rhythmes divers,
Puis, s'échappant soudain légère et cadencée,
Sautait, comme un oiseau, sur les branches du vers!

Moi — j'écoutais — perdu dans de lointains concerts,
Ma pauvre poésie à vos lèvres bercée :
Heureux de voir glisser mon âme et ma pensée
Dans votre souffle ardent qui remuait les airs!

Et j'oubliai bientôt — pardonnez mon délire —
Paulus et Mélænis, Commodus et l'Empire,
Pour regarder les plis de votre vêtement,

Votre front doux et fier, votre prunelle noire,
Songeant que j'étais fou de réveiller l'histoire,
Quand j'avais sous les yeux un poëme charmant!

Février 1852.

XXI

## XXI

## SUR LA PREMIÈRE PAGE D'UN ALBUM

Quoi ! vous voulez que, le premier,
Au seuil blanc de ce beau cahier,
Je me pavane et me prélasse

Juste à l'endroit prétentieux
Où doivent tomber tous les yeux,
Sitôt qu'on entre dans la place ?

Ma foi ! sans chercher d'argument
Je m'exécute bravement ;
Les gens en riront, mais qu'importe ?

Mes vers mis de cette façon
Peuvent servir de paillasson :
« Essuyez vos pieds à la porte ! »

XXII

XXI

## L'AMOUR NOIR

Filles de Jupiter, vierges aux longues tresses,
Je dirai de Vulcain les antiques détresses,
Et quel bâtard céleste arriva le premier
Avant l'enfant Amour et le filet d'acier !

Quand Vénus au dieu Mars, sous les pins de Sicile,
Pour la première fois fut pliante et facile,
Le boiteux immortel, le forgeron divin
Jura — les dieux puissants ne jurent pas en vain —
Que sa vengeance atroce et fatale à connaître
Écraserait d'un coup l'enfant encore à naître,
Et qu'il imiterait, pour ce fils odieux,
Saturne aux dents de fer, dévorateur des dieux.

Phébus l'avait instruit, Phébus qui tout éclaire.

Mais l'époux, dans son cœur, enferma sa colère ;
Et quand, le soir, coupable et le visage en feu,
La Déesse rentra dans la forge du dieu,
Elle le vit, de loin, qui, selon sa coutume,
Domptait les durs métaux, penché sur son enclume,
Et qui, jusqu'à la fin, — sûr de se contenir, —
Sans un nuage au front, la regardait venir.

Ce fut aux profondeurs d'un antre solitaire
Qu'enfanta, loin du jour, la divine adultère,
Tandis que les Sylvains et les vierges des bois
Chantaient à l'unisson pour étouffer sa voix.
Cependant, par les monts et les vastes prairies,
Comme un lion qui rôde autour des bergeries,
Le dieu, le dieu jaloux qui sait le temps venu,
Tâche à surprendre un cri de l'enfant inconnu.
Un faune aux pieds fourchus et dont la voix chevrote
L'avait, tout vagissant, emporté dans sa grotte.
L'entrée en était basse et peu facile à voir ;
Un lierre la couvrait de son feuillage noir,
Et, comme des lutteurs mêlant leurs bras énormes,
Cent arbres tortueux, entrelacés, difformes,

Gardiens du seuil, abri des corbeaux croassants,
En dérobaient l'approche au regard des passants.
Cinq ans, l'enfant vécut près du faune; les chèvres
D'elles-mêmes portaient leur tétine à ses lèvres;
La vigne, en verts festons sur le bord des chemins,
Penchait sa grappe lourde au niveau de ses mains,
Et les abeilles d'or, formant de longues chaînes,
Le guidaient, à grand bruit, jusqu'au creux des vieux chênes.
Puis, il connut les dons de l'innocente paix,
La danse des Sylvains, sous les halliers épais,
Les tambours grelottants, la flûte aux roseaux lisses,
Tous les jeux, et parfois — l'enfance a ses malices —
Quand midi tout en flamme invitait au sommeil,
Pour un nid de colombe, ou pour un fruit vermeil,
De leurs antres secrets sachant les avenues,
Le traître, aux chèvre-pieds, livrait les nymphes nues;
Le vieux faune en riait dans sa barbe; et parfois
On entendait un bruit sinistre dans les bois —
Bruit lointain, bruit profond, qui venait de la terre;
Et l'enfant s'arrêtait dans son jeu solitaire;
Et le faune disait, en frissonnant aussi :
« O mon fils adoré, si tu sortais d'ici !...
« Si tu quittais nos bois !... reste sous nos bois sombres,
« Où les pins sourcilleux te couvrent de leurs ombres! »

Mais l'enfant, malgré lui, rentrant à petits pas,
Songeait à ce bruit sourd qu'on entendait là-bas,
Curieux et mêlant, dans son âme interdite,
L'audace de son père aux langueurs d'Aphrodite.

Impatient du joug où la peur le soumet,
Seul, furtif, une nuit que le faune dormait,
Il quitta l'antre obscur, et, sans un guide au monde,
S'en alla, tout petit, par la forêt profonde,
Si léger sous les bois et respirant si bas
Que les oiseaux couchés ne se réveillaient pas.
Son pied nu, son pied blanc, dans ses vives secousses,
Comme un éclair qui passe, éclatait sur les mousses,
Quand, pareil au nageur qui rame avec ses mains,
Le Dieu fendait le flot des halliers sans chemins.
Tantôt, sans s'arrêter, la lune qui voyage
D'un regard nonchalant sondait le noir feuillage;
Tantôt, couvrant les pins de ses voiles plus lourds,
La nuit redescendait implacable, — et toujours,
Comme un appel lointain, comme un rendez-vous sombre,
Le grand bruit inconnu retentissait dans l'ombre.
Mais déjà, des buissons s'échappant par milliers,
Les daims, les loups chenus, les renards familiers,
Et le lézard jaunâtre et la couleuvre bleue,

Suivaient l'enfant céleste, en remuant la queue.

Or le bruit rappelait, plus clair à chaque pas,
Le choc de cent guerriers que l'on ne voyait pas.

Soudain, derrière un mont qui penchait sur la route,
Une chose effrayante apparut — une voûte
Morne, affreuse, insondable et se tordant au bord,
Avec des jets de pourpre et des pâleurs de mort;
Un nuage montait, ondoyant et farouche,
Comme si la montagne, ouvrant sa noire bouche,
Eût vomi, vers les dieux, tout l'Enfer; — et c'était
De cette bouche-là que ce grand bruit sortait!

Les animaux frappés d'une terreur profonde
Avaient fui. L'enfant seul, vers la voûte qui gronde,
Entre les rocs fumeux se perdant à moitié,
Marcha, la tête haute, et ferme sur son pié;
Et ce qu'il aperçut, dans la caverne austère,
Nul ne l'a vu, de ceux qui vivent sur la terre.

Au plus profond de l'antre, éclatant, furieux,
Tel qu'un soleil sinistre enchaîné par les dieux,
Un brasier formidable, aux vigueurs éternelles,

Flamboyait; — et, du gouffre horribles sentinelles,
Vingt géants soucieux qui portaient à leur front
Un œil, comme la lune, immobile et tout rond,
Dans le tressaillement de la flamme qui bouge,
Apparaissaient — au loin; noirs sur le foyer rouge.
Ainsi que d'une éponge, ornement de la mer,
On voit, en la pressant, sortir le flot amer,
Vingt marteaux étaient là qui faisaient, sur l'enclume,
Du fer gorgé de feu jaillir l'ardente écume;
On entendait parfois, à quelque coin obscur,
Siffler, comme un serpent, la scie aux dents d'azur,
Ou rugir, indigné, dans sa cuve ordinaire,
Le soufre en fusion qui sera le tonnerre;
Épouvantable ruche et ténébreux essaim...
L'enfant eut peur; un cri s'échappa de son sein.
A ce cri frais et pur, dans la caverne sourde
Les sombres travailleurs, tournant leur tête lourde,
Sur le milieu du seuil virent, tout pâle encor,
Le petit dieu couvert de ses longs cheveux d'or,
Comme un rayon du ciel tombé dans la fournaise,
Comme un souffle des monts plein d'une odeur de fraise,
Comme un printemps fleuri qui les venait charmer.
« Qu'il est beau !... » — Les plus forts savent le mieux aimer. —
« Qu'il est beau !... » disaient-ils, et dans l'antre qui fume

Les marteaux oubliés s'endormaient sur l'enclume,
Et ce grand bruit de forge entendu dans les bois
S'interrompit, alors, pour la première fois !
Ce furent des éclats de joie involontaire,
Des chansons de nourrice à secouer la terre,
Quand l'enfant, déjà fait à leurs fronts surhumains,
Passa de l'un à l'autre, entre leurs larges mains.
Ils touchaient, enivrés de sa candeur divine,
Ses sourcils délicats, ses cheveux, sa peau fine
Et ses membres pareils à de frêles roseaux,
Avec les peurs qu'on a pour les petits oiseaux.
Puis, de ce même airain dont les foudres sont faites,
Ils forgeaient des anneaux et des colliers de fêtes,
Cent jouets monstrueux dont ils couvraient l'enfant :
Et tous poussaient, en chœur, un rire triomphant
A le voir, raidissant la douceur de ses formes,
Chanceler sous le poids de ces hochets énormes.

Vulcain parut au seuil.

    Quand par un soir d'été,
Au bas d'un mont, non loin d'une antique cité,
Le char des moissonneurs s'arrête, lourd de gerbes,
Les propos familiers, le rire aux dents superbes,

Éclatent, les pieds nus frappent le vert gazon ;
Tout à coup un point sombre a taché l'horizon ;
Des nuages errants le groupe se rassemble,
La cime des forêts palpite, le sol tremble,
Et les jeux et les cris tombent tous à la fois,
Pour écouter des cieux rouler la grande voix.

Ainsi tonna le maître emporté dans sa rage :

« Forgerons mal appris ! ouvriers sans courage
Cœurs de cerf !... à quoi bon ces fourneaux allumés ?
Et ces fleuves de feu, sous la terre enfermés,
Qui des monts éternels brisent la rude écorce,
Si le marteau trop lourd pèse à vos bras sans force,
Ou si vous dédaignez pour de futiles jeux
L'amour des durs métaux, grave et profond comme eux ?
Songez-vous qu'ici-bas l'homme au cœur sanguinaire
Ne reconnaît le ciel qu'au bruit de son tonnerre,
Et que des vieux Titans on verrait le retour,
Si nous laissions les dieux désarmés un seul jour ?
J'ai suivi ces combats ; j'en ai su les audaces,
Au sang des immortels pleuvant dans les espaces,
Quand déjà Pélion se levait sur Ossa !
Jupiter tint de moi la foudre qu'il lança,

Car c'est sur ma vertu que l'Olympe repose !
Assis, la coupe en main, dans une molle pose,
Les dieux ne songent guère aux armes qu'il leur faut ;
Seul, je travaille en bas, quand ils boivent en haut ! »

— Les géants consternés l'écoutaient en silence ;
Soudain, de sa poitrine, un cri rauque s'élance,
Un rire impétueux, convulsif, étouffant ;
Il sentait là sa proie, il avait vu l'enfant,
Et ce rire, inconnu dans l'antre séculaire,
Était plus effroyable encor que sa colère !

Enfin, les bras levés et le regard en feu :

« Soyez bénis sept fois, habitants du ciel bleu !
Quel qu'ait été mon zèle, aux époques passées,
Vous acquittez d'un coup les dettes amassées.
Et toi, plus que nous tous, immuable et serein,
Dieu caché, Dieu puissant, dont le temple est d'airain,
Je te rends grâce, ô Sort !... ton arrêt salutaire
Livre à l'époux blessé le fils de l'adultère !
Et vous, durs compagnons que j'aime tant à voir,
Gigantesques enfants de la Terre au flanc noir,
Par nos travaux communs, frères, je vous adjure

D'être témoins d'un Dieu qui venge son injure ! »

A ces mots, écartant les Cyclopes troublés,
Il prit l'enfant divin par ses cheveux bouclés,
Et frémit, au dedans, d'une douleur amère,
A les voir doux et blonds, comme ceux de sa mère.

« Insensé ! » cria-t-il en le poussant plus fort,
« Tu n'es pas assez Dieu pour affronter la mort !
Celui qui, d'un seul geste, ébranle l'Empyrée,
Le fils prédestiné, sorti des flancs de Rhée,
Ne serait pas le roi de la Terre et des Cieux,
S'il n'avait de Saturne évité les grands yeux,
En cachant sa faiblesse au fond d'un noir repaire ;
Te crois-tu donc plus fort, issu d'un moindre père ?
Qu'il accoure à ta voix !... » — L'enfant épouvanté
Sanglotait. — « Qu'il arrive, à vingt chevaux porté !
Son empire, ici-bas, est fait de violences.
Il a les javelots, les carquois et les lances,
Les boucliers épais, les casques sans défauts,
Les chars de guerre armés de glaives et de faux,
Ses béliers dont la tête ouvre les forteresses,
Le bruit de ses clairons doux au cœur des déesses ;
Mais il ne pourrait pas, malgré tes cris d'effroi,

Dompter le feu divin qui n'obéit qu'à moi ! »

Alors, l'enfant en main — sourd aux plaintes frivoles —
Comme un frondeur grégeois dans des lanières molles,
Fait tourner une pierre à l'entour de son front.
Il décrivit dans l'ombre un formidable rond,
Et, parmi les torrents de lave incendiaire,
Le précipita nu, la tête la première.
Telle, au gouffre marin tombe une étoile d'or ;
Telle, en un tourbillon d'écume, on voit encor
Plonger, du haut des airs, la mouette aux blanches ailes.
Le soufre ardent jaillit en fauves étincelles,
Tandis qu'on entendait, sous le linceul baveux,
Siffler la chair qui brûle, et craquer les cheveux.

Cependant, par les cieux sans limite et sans voiles,
Sur des gazons semés d'une poudre d'étoiles,
Les fiers Olympiens, beaux éternellement
Dans l'orgueil de la force et du contentement,
Écoutaient d'Apollon sonner la grande lyre.
Les déesses, en foule, excitant leur délire,
La blonde Hébé, Cérès, reine des champs herbeux,
Junon, dont l'œil est grand comme celui des bœufs,
Minerve, espoir des forts, Vénus, charme du monde,

Du nectar écumant vidaient l'urne profonde.
Mais, ô Cypris, la coupe échappe de tes doigts,
Tu frémis, et soudain, haletante et sans voix :
« Mon enfant! » — Jupiter porte aux pieds des oreilles,
Vénus, au cœur! — Déjà six colombes pareilles
Sont prêtes; un frein d'or luit dans leurs becs rosés;
Elle part, elle vole aux fourneaux embrasés.

La voûte, à son aspect, s'écarta; — la lumière
S'abattit d'un seul coup dans la caverne entière;
Et, parmi les senteurs de la myrrhe et du nard,
La Déesse au front pâle apparut sur son char.
Sans un mot, sans un cri, touchant du pied la terre,
Elle atteignit d'un bond la fournaise... ô mystère!...
O prodige!... la lave au reflet jaune et bleu
Vient lécher son bras nu de ses langues de feu;
Et, soumis comme un chien qui flaire sa maîtresse,
Le brasier monstrueux doucement la caresse,
Poussant, jusqu'à ses mains, l'enfant mort à demi.

Vulcain désespéré dans son cœur a frémi;
Son amour croît encore, en la voyant si belle.
« Mon père est roi là-haut! tu l'apprendras, » dit-elle,
« J'y cours!... »

Et, dans un coin de son voile étoilé,
Elle emportait son fils hurlant et mutilé.
L'époux sentit son âme en deux parts divisée.
Déployant les douceurs d'une langue rusée,
Par des soumissions et des propos plus doux,
Va-t-il de la Déesse apaiser le courroux?
Ou, bravant tous les dieux dont la haine l'accable,
Couvrir d'un mur de fer sa forge inattaquable?
Soudain, le souvenir de ses malheurs passés
Fait trembler sur son front ses cheveux hérissés;
Et, retenant Vénus par sa longue tunique :

« Jupiter!... N'y va pas!... Si ma vengeance inique
A comme un ouragan sur ton fils éclaté,
C'est le Destin, plus fort que notre volonté!...
N'y va pas!... n'y va pas!... Je garde la mémoire
De ce temps douloureux, si fatal à ma gloire,
Où le fils de Saturne, horrible et sans pitié,
Du haut des cieux ouverts, me lança par le pié,
Si bien que, pantelant, épouvanté, livide,
Je roulai tout un jour par le désert du vide,
Maudissant à jamais l'audace de mon cœur!
Car qui pourrait lutter avec un tel vainqueur?
Nos projets contre lui sont vains et misérables!

Tais-toi !... je te ferai des dons considérables,
Et tu t'apaiseras, car c'est le mieux encor ;
— Les présents couvrent tout ; — dans ses balances d'or
Thémis, dont la raison sert de règle à la nôtre,
Met d'un côté l'injure, et les présents de l'autre ;
Et c'est ainsi que vont les hommes et les dieux !
Et je te nommerai ces présents radieux,
Afin que ta poitrine en tressaille de joie ;
Pour tes cheveux flottants, où tout mon cœur se noie,
Je te ferai moi-même, en argent ciselé,
Un bandeau, sur le rond de la lune moulé ;
Et — j'en jure le Styx, si tu crains l'imposture ! —
Je te ceindrai les flancs d'une belle ceinture,
Si pleine de vertus et de pouvoirs cachés,
Que les astres du ciel, sur ta tête penchés,
Palpiteront d'amour, dans les hauteurs sans bornes !...
Attends !... j'ai mis ma tête au trou des antres mornes,
J'ai vu dans mes travaux à quelles profondeurs
L'escarboucle de flamme enfouit ses splendeurs,
Et, bien mieux que Mercure aux mains fallacieuses,
Je peux surprendre au nid les pierres précieuses.
A quoi bon ! je suis lourd, je suis difforme et laid ;
Pour qu'on me veuille aimer, je n'ai pas ce qui plaît,
Et de la terre aux cieux la fable serait sue,

Si j'ornais de colliers ma poitrine bossue !
C'est toi, l'amour !... C'est toi la grâce et la beauté !...
C'est pour toi que la terre, en sa fécondité,
Étage incessamment la floraison des choses.
Par-dessous les rubis, et par-dessus les roses !...
Tais-toi !... »

        Le petit Dieu trépignait cependant.
Labouré par la flamme, à nu sous l'air mordant,
Son corps tout rabougri se tordait sur ses hanches ;
Ses yeux, sous son front noir, faisaient deux taches blanches,
Et son nez s'écrasait en large soupirail ;
Les lèvres dont la lave a terni le corail
Avançaient, comme un mufle, énormes et gonflées,
Tandis que, moutonnant à ses tempes brûlées,
Les cheveux, du zéphyr pour toujours oubliés,
Rappelaient, à les voir, la toison des béliers.

« Regarde !... » dit Vénus. — Le cœur de la Déesse
Flottait entre les dons promis et sa tendresse.
Écrasé sous le poids des remords superflus,
Vulcain baissait la tête et ne répondait plus ;
Quand, se frappant le front et relevant sa face :
« J'oubliais ! Calme-toi ! j'ai l'eau qui tout efface,

L'eau de paix et d'oubli qu'on trouve chez les morts.
Son pouvoir sur le cœur s'étend peut-être au corps?...
Le soir de notre hymen, Pluton me l'a donnée :
Je l'ai, depuis ce temps, hélas! abandonnée
Dans cette peau de chèvre, au flanc large et barbu...
Heureux si tu m'aimais — ou si j'en avais bu! »


Et sur l'enfant tout noir dont la tête est baissée,
Il verse du Léthé l'onde épaisse et glacée ;
Vains efforts : la couleur persiste ! Seulement
Le corps a secoué son engourdissement.
Il grandit; sur les os, dont les moelles frémissent,
Les nerfs sont déployés, les muscles s'affermissent.
Ce n'est plus l'humble enfant, — c'est un monstre emporté
Dans sa force première et dans sa puberté.
Tous le suivaient des yeux, les narines ouvertes.
Il flairait du dehors l'odeur des forêts vertes,
Et sa bouche qui rit, ténébreuse au dedans,
Montra, comme un éclair, la pâleur de ses dents.


Vulcain trembla ; Vénus en eut peur, elle-même,
Et, de loin :

      « O mon fils, ma douleur est extrême !

Quand j'irais de mon père embrasser les genoux,
Tu ne peux pas, si noir, habiter parmi nous!
Va-t'en vers ces pays inconnus des vieux âges,
Où le soleil plus proche a brûlé les visages.
Là vivent, dans un calme à ma gloire odieux,
Les Éthiopiens visités par les dieux,
Les Nubes vagabonds, nourris du miel des ruches,
Les mangeurs de serpents et les mangeurs d'autruches,
Et les hommes sans tête, et le peuple tout noir
Que l'on entend marcher, sous terre, sans le voir.
Un rempart sablonneux couvre au loin cette engeance.
Mon amour t'y suivra, comme aussi ma vengeance;
Pars!... ces peuples lointains dont tu seras le roi
N'ont pas courbé leur front sous ma puissante loi.
Abandonnés sans lutte aux pentes naturelles,
Ils ignorent le nom des ardentes querelles;
Aucun soupçon jaloux ne les vient consumer,
Nul n'a connu, chez eux, les angoisses d'aimer.
Il est temps de fléchir cet orgueil éphémère!
Tu dois un nouveau monde au culte de ta mère.
Pars!... j'armerai tes mains d'inévitables traits.
Du désert flamboyant à la nuit des forêts,
Dans la virginité des grandes solitudes,
Va semer les désirs et les inquiétudes,

Et que tout cœur dompté sente en lui des transports
Brûlants comme ces feux qui t'ont touché le corps ! »

Elle dit. — Aussitôt les colombes fidèles,
Sautelant sous leur joug, avec un grand bruit d'ailes,
Attendent, pour partir, le signal de sa voix.

Mais, rougissant alors pour la première fois,
D'un mouvement de main plein de grâce ingénue,
Cypris, aux forgerons, cache sa gorge nue ;
Et, sur son char de nacre, aux coquilles pareil,
En détournant la tête, étend son corps vermeil.
L'attelage, emporté comme un flocon de neige,
S'élance — mille oiseaux lui font un long cortége —
Tantôt fendant les cieux tantôt rasant le sol,
Devers Chypre, à Paphos, il dirige son vol.

Là, cent parfums choisis brûlent pour la Déesse,
Là, sous un bois sacré que le zéphyr caresse,
Oublieux des clairons, Mars attend son retour,
Le cœur tout languissant d'un éternel amour...
Longtemps, le fils sans mère, immobile à sa place,
D'un regard consterné la suivit dans l'espace.
Mais quand le char, baigné par les feux du matin,
Disparut tout à coup à l'horizon lointain...

Sans un pleur de ses yeux, sans un cri de sa bouche,
Il sentit l'abandon tomber du ciel farouche;
Et, vers ce monde étrange où le sort le conduit.
Marcha sous le soleil, sombre comme la nuit!...


— Je te salue, ô toi, premier-né d'Aphrodite,
Dont le règne est perdu dans un autre univers!
Ton histoire aux humains n'a jamais été dite:
Nul poëte amoureux ne t'a donné ses vers!


Ton nom puissant, formé de syllabes bizarres,
Est un de ceux qu'en vain les savants chercheront.
Il n'a sonné qu'au bruit des instruments barbares,
Autour d'un feu nocturne, où l'on dansait en rond!


Tu n'es pas cet enfant qui voltige à Cythère,
Parmi les bois de myrte et les rosiers fleuris,
Et qui, sa trousse au dos, va guidant par la terre
Le frais essaim des Jeux, des Grâces et des Ris!
Ton temple n'est ouvert, sur tes âpres rivages,
Qu'à des adorateurs prosternés et rampants;
Car tu sais la vertu des floraisons sauvages,
Et tes dards sont trempés au venin des serpents!

Dans tes jardins, ô Roi, les panthères en troupes
A côté des lions dorment sous le soleil ;
D'immenses aloès tendent, comme des coupes,
Aux pithons monstrueux, leur calice vermeil ;

Et quand, parfois armé de tes plus sûrs dictames,
Tu veux de ton empire explorer les détours,
Ton char sombre est conduit par des hippopotames
Dont on entend ronfler la narine aux poils courts.

Tu vas ; sur ton chemin, bondissent les gazelles ;
Le tigre, en miaulant, vient lécher ton pied noir ;
Les pélicans goitreux, avec leurs lourdes ailes,
Du haut des cieux profonds descendent pour te voir.

Et pour te voir aussi, levant leurs fronts difformes,
Les crocodiles verts et les grands lézards mous
Coulent entre les pieds des éléphants énormes,
Hideux torrent d'écaille, aux sinistres remous !

Mais toi, silencieux comme la destinée,
Tu passes — étendu sur ton lit de roseaux —
Sans retourner jamais ta tête couronnée
De coquillages blancs et de plumes d'oiseaux !

XXIII

## XXIII

## PREMIÈRE RIDE

Aglaé n'est pas heureuse :
Elle a trouvé, ce matin,
Une ride qui se creuse
Dans les neiges de son teint.

Les Jeux ailés, les Dieux-mouches,
Tous les petits nains du ciel
Vont menant des deuils farouches
Pour ce cas essentiel.

Voici les Plaisirs moroses
Confits en dévotion ;
Des yeux bleus aux lèvres roses
Descend leur procession.

Et de ses cheveux couverte,
Vénus, en pleurant bien haut,
Étend dans la fosse ouverte
L'Amour mort, ou peu s'en faut.

Sur sa couche de parade,
En pompe on l'ensevelit!...
— Pauvre Amour, vieux camarade,
Fais-moi place dans ton lit!...

XXIV

## XXIV

## GELIDA

Elle a, pour toute science,
La gaîté de ses vingt ans;
C'est la blonde Insouciance,
Aux yeux bleus, couleur du temps.

Pour lasser la patience
Des désirs les plus constants,
Son cœur a fait alliance
Avec ses cheveux flottants.

Sourde à l'hymne des tendresses,
Elle rit de ces détresses
Que rien ne peut consoler...

Et je crois que la coquette
Dans l'amour de Juliette
Passerait sans se brûler !

XXV

## XXV

## LES CHEVRIERS

L'Aube aux pieds d'argent descend des montagnes;
La Nuit s'est cachée au fond des grands bois;
Tous les nids d'oiseaux chantent à la fois.
Hardis chevriers, quittons nos compagnes!

Les sentiers couverts de mousse et de thym
Mettront sous nos pas un tapis superbe,
Et nous ferons choir en passant sur l'herbe
Du bout des rameaux, les pleurs du matin!

En marche! il est temps de quitter les plaines;
Déjà les coteaux ont le front vermeil.
Nous atteindrons bien le tour du soleil,
Avec nos sacs lourds et nos gourdes pleines!

Nous redescendrons, quand la nuit viendra,
Entonnant en chœur l'air connu des chèvres ;
Et la douce Lune, un sourire aux lèvres,
En bel habit blanc, nous reconduira!...

XXVI

## XXVI

## AIR DE CHASSE

### I

Le soleil va chasser la nuit;
Pâle Phœbé, reine aux longs voiles,
Il est temps de rentrer, sans bruit,
Ton troupeau de blanches étoiles !

Déjà des bois silencieux
L'aube pénètre le mystère...
Que fais-tu si tard dans les cieux,
Quand nous t'attendons sur la terre ?

## II

Elle vient! elle vient!... de son pied diligent
Entendez-vous, là-bas, le bruit léger dans l'herbe?
Mais ce n'est plus Phœbé par les cieux voyageant..
C'est Diane au cœur dur, Diane au front superbe!
Elle a ses blonds cheveux liés comme une gerbe,
Et sur son dos bruni sonne un carquois d'argent.

## III

A nous, Déesse!... En chasse! en chasse!
Le bois s'emplit de cris ardents.
Les chiens sont fous. Voici la trace
Des sangliers aux longues dents!...

Au galop, courbés sous les branches,
Plus vite, allons! plus vite encore!
La mince flèche aux ailes blanches
Siffle, comme le vent du nord.

Nous courons, nous volons ; — victoire !
Les épieux et les javelots !...
La bête en tient ; — la mousse noire
Boit, par les monts, son sang à flots.

Elle tombe, à bout de colères ;
Et sa blessure, en s'épanchant,
Rougit le lac aux ondes claires,
Comme fait un soleil couchant.

## IV

Les cornets ont sonné, — la nuit vient, — qu'on se presse !
Amis, la route est longue après les durs combats.
Six chevaux traîneront, fiers et pleins d'allégresse,
Le monstre hérissé, trop pesant pour nos bras.
Diane ! en ton honneur nous brûlerons sa graisse !
Phœbé, remonte aux cieux pour éclairer nos pas !...

XXVII

## XXVII

## L'OISELEUR

Les plaines, au loin, de fleurs sont brodées.
Parmi les oiseaux et les papillons,
J'entends bourdonner l'essaim des idées
Qui flotte au soleil en blancs tourbillons!

Comme un aigrefin méditant ses crimes,
Sans perdre un moment, j'apprête, en sournois,
Un beau trébuchet fait avec des rimes;
Et j'attends, — caché dans le fond des bois.

Toutes!... les voici toutes!... à la file!
Hésitant un peu, n'osant approcher.
Parfois un manant qui sort de la ville
Vient, d'un bruit de pas, les effaroucher.

Moi, je reste là, sans voix, sans haleine,
L'oreille et les yeux sur mon traquenard.
Si la gibecière est à moitié pleine,
Je rentre au logis, plus fier qu'un renard.

Et c'est sous mes doigts un bruit d'étincelles,
Quand j'ouvre le sac où tient mon trésor,
Et que je les prends, par le bout des ailes,
Pour les enfermer dans leurs cages d'or !...

XXVIII

## XXVIII

## UNE BARAQUE DE LA FOIRE

Oh! qu'il était triste, au coin de la salle!
Comme il grelottait, l'homme au violon!
La baraque en planche était peu d'aplomb,
Et le vent soufflait dans la toile sale.

Des bourgeois blasés — l'un d'eux s'en alla! —
Raillaient à plaisir ces vieilles sornettes,
Ainsi qu'il convient à des gens honnêtes
Qui sont revenus de ces choses-là!

Dans son ermitage, Antoine, en prière,
Se couvrait les yeux, sous son capuchon;
Les diables dansaient; — le petit cochon
Passait, effaré, la torche au derrière.

Découvrant sa gorge, et portant, je croi,
Sur son carton peint, la mouche assassine,
En grand falbala venait Proserpine,
Comme une princesse à la cour d'un roi.

Tout l'Enfer sautait au bout des ficelles.
— Dieu l'avait permis, très-évidemment ! —
Puis ce fut le tour du bleu firmament
Avec ses pétards et ses étincelles.

Le soleil tournait, plein de vérité
Chaque trou d'étoile était à sa place,
Des anges bouffis flottaient dans l'espace,
Pendus au plafond pour l'éternité.

— Oh ! qu'il était triste ! oh ! qu'il était pâle !...
Oh ! l'archet damné raclant sans espoir !
Oh ! le paletot plus sinistre à voir
Sous les transparents aux lueurs d'opale !

Comme un chœur antique au sujet mêlé,
Il fallait répondre aux péripéties,
Et quitter soudain, pour des facéties,
Le libre juron, tout bas grommelé !...

Il fallait chanter! il fallait poursuivre
Pour le pain du jour, la pipe du soir,
Pour le dur grabat dans le grenier noir,
Pour l'ambition d'être homme et de vivre!

Mais parfois, dans l'ombre — et c'était son droit! —
Il lançait, lui pauvre et transi dans l'âme,
Un regard farouche aux pantins du drame
Qui reluisaient d'or et n'avaient pas froid.

Puis — comme un rêveur dégagé des choses —
Sachant que tout passe et que tout est vain,
Sans respect du monde, il chauffait sa main
Au rayonnement des apothéoses!...

Novembre 1867.

XXIX

XXIX

DANS LE CIMETIÉRE DE S\*\*\*

Toute chose, ici-bas, cherchant Dieu comme un pôle,
Se tourne, en frémissant, vers son dôme éternel :
Élancé dans les airs, le mont, sur son épaule,
Comme un pavillon bleu porte le vaste ciel.

Le cèdre du Liban, loin de la roche nue,
Pousse toute sa séve à flots tumultueux,
Géant désespéré qui, pour toucher la nue,
Hausse son front superbe et tord ses bras noueux.

Le temple a cent degrés; la tour solide et fière
D'un cercle de créneaux couronne la cité;
Et, comme un long serpent, dressant son col de pierre,
L'obélisque, d'un jet, perce l'immensité.

O cèdre ! ô monts géants où l'aigle a sa patrie,
Temples, dômes, babels que bâtit notre orgueil,
Le plus proche des cieux est le sage qui prie
Dans le vallon des morts, les pieds sur un cercueil !

XXX

## XXX

## LIED NORMAND

(Reconstruit avec les débris d'une vieille chanson normande.)

Sous le chèvrefeuil,
Je vidais bouteille.
Trois amis en deuil
M'ont dit à l'oreille :

— Eh! bon! bon! bon! — qu'on nous verse encor!
Le vin, c'est du sang! — le cidre, de l'or!

« Prends bien garde à toi,
On te fauche l'herbe. »
— « Je n'ai pas d'effroi,
J'ai rentré ma gerbe! »

— Eh! bon! bon! bon! — qu'on nous verse encor!
Le vin, c'est du sang! — le cidre, de l'or!


    Il prend son cheval,
    Sa bride et sa selle,
    Et court, par le val,
    Au seuil de sa belle.


— Eh! bon! bon! bon! — qu'on nous verse encor!
Le vin, c'est du sang! — le cidre, de l'or!


    Y trouve un garçon,
    Qui faisait ripaille,
    Lequel eut frisson,
    De peur de bataille.


— Eh! bon! bon! bon! — qu'on nous verse encor!
Le vin, c'est du sang! — le cidre, de l'or!


    — « Reste désormais
    Près de cette femme;
    Tu n'auras jamais
    L'orgueil de mon âme! »

— Eh! bon! bon! bon! — qu'on nous verse encor!
Le vin, c'est du sang! — le cidre, de l'or!

    — « Au fond de son cœur,
    J'ai cueilli naguère
    Une belle fleur
    Qu'on ne trouve guère.

— Eh! bon! bon! bon! — qu'on nous verse encor!
Le vin, c'est du sang! — le cidre, de l'or!

    « J'ai couché trois ans,
    La nuit avec elle,
    Dans de beaux draps blancs,
    Garnis de dentelle.

— Eh! bon! bon! bon! — qu'on nous verse encor!
Le vin, c'est du sang! — le cidre, de l'or!

    « Reste et sois joyeux! »
    — J'ai trois enfants d'elle
    L'un est à Bayeux,
    L'autre à la Rochelle!

— Eh! bon! bon! bon! — qu'on nous verse encor
Le vin, c'est du sang! — le cidre, de l'or!


« Le troisième, ici,
Dessous les charmilles!
Fait tout son souci
De courir les filles!...


— Eh! bon! bon! bon! — qu'on nous verse encor!
Le vin, c'est du sang! — le cidre, de l'or!


« — Reste, beau vainqueur!
— Moi qui suis leur père,
J'ai noyé mon cœur
Au fond d'un grand verre! »


— Eh! bon! bon! bon! — qu'on nous verse encor!
Le vin, c'est du sang! — le cidre, de l'or!

xxxi

## XXXI

## L'ABBAYE

### I

Une ruine immense et formidable à voir!

Le jour qui se levait, sur les tours au flanc noir
Étalait sa lumière, et, comme une ironie,
Faisait lutter sa joie avec cette agonie.

Pareille à quelque monstre oublié par les eaux
Dont le temps, sur la grève, a rongé les grands os,
La vieille basilique, avec des bruits funèbres,
Parfois, dans l'herbe haute égrenant ses vertèbres,
Livrait à la pitié du passant inconnu
La désolation de ses côtes à nu!...
Le toit, dont le squelette aux décombres s'appuie,

Ployait sous huit cents ans de soleil et de pluie ;
Les fenêtres, au loin, dans les murs élevés,
S'ouvraient horriblement, comme des yeux crevés,
Tandis que — dominant la montagne prochaine,
Empanaché de lierre et plus touffu qu'un chêne,
Avec ses chérubins qui se penchaient sur nous,
Ses diables grimaçants, ses docteurs à genoux —
Le grand clocher muet, debout dans les airs libres,
Gardait, miné d'en bas, d'effrayants équilibres ;
Si bien qu'on avait peur, en passant sous l'arceau,
D'un souffle de la brise ou du poids d'un oiseau.
Des enfants se roulaient, au pied des murs, dans l'herbe ;
Mille insectes cachés faisaient un bruit superbe ;
Les genêts d'or ouvraient leur bouquet éclatant,
Tout riait, tout chantait, tout vivait ; et pourtant,
Des gazons répandus en touffes inégales,
Du rire des enfants et du cri des cigales,
Des fleurs, des nids joyeux, des buissons chevelus,
Quelque chose montait des temps qui ne sont plus.
Comme une odeur de tombe emplissait la vallée !

Une cloche tinta, misérable et fêlée.

C'était pour une morte, un doux être emporté

Qui dormait là, depuis un an, tout à côté,
Dans l'enclos qui verdoie, avec ceux du village.
Or, vers le bout du chœur moins effondré par l'âge,
Comme un radeau survit au vaisseau naufragé,
Quelques planches aidant, on avait ménagé
Un coin d'asile au culte, une chapelle, un bouge.
Trois femmes en haillons, sur le vieux seuil qui bouge,
Avec un mendiant hâve et défiguré,
Le rosaire à la main, attendaient le curé ;
Et rêveur, à pas lents, pris de pitié sincère,
J'entrai. J'étais venu pour cet anniversaire.


## II

Près du catafalque en drap noir
Jauni par des lueurs de cierge,
Un vieux bedeau me fit asseoir,
Un vieux bedeau vêtu de serge ;

Et vers l'autel tout crevassé,
Entre deux drôles en galoches,
Le prêtre, œil cave et front glacé,
Se hâtait, au bruit faux des cloches.

Pendant que, du fond de son cœur,
Il versait le flot des prières,
On entendait siffler en chœur
Tous les nids cachés dans les pierres.

Un pinson des plus étourdis
Mêlait, perché sur un saint-georges,
Aux sanglots du *De profundis*
La chanson des blés et des orges.

D'autres, malgré l'événement
De cette pompe mortuaire,
Se balançaient joyeusement
A la lampe du sanctuaire.

Et, changeant son rôle aujourd'hui,
Plein de caquets et de bruits d'aile,
Chaque pilier servait d'appui
A la maison d'une hirondelle.

Le pauvre confessionnal
Se cachait, triste et taciturne,
N'ayant plus à son tribunal
Que l'aveu du hibou nocturne.

Sur l'autel aux maigres décors,
Un grand christ oublié des masses
Montrait, tout le long de son corps,
Le baiser visqueux des limaces ;

Et des insectes, étonnés
De ce tumulte avant dimanche,
Parmi les vieux bouquets fanés,
Se traînaient sur la nappe blanche,

Tandis qu'un frêne aux jets ardents,
Crevant la muraille entr'ouverte,
Pour voir ce qu'on fait là dedans,
Passait, en haut, sa tête verte !...

— Les trois femmes et le vieillard,
Agenouillés au fond de l'antre,
Répondaient d'un ton nazillard
Au fausset enroué du chantre.

Et je songeais au siècle fort
Où, loin du doute et des scandales,
De ce vieux temple à demi mort
Un peuple entier baisait les dalles.

## III

Voilà que tout à coup, dans l'air, autour de moi,
Sur mon front, sous mes pieds tout chancelants d'effroi,
Un changement se fit, — énorme et sans exemple :
La chapelle à grand bruit s'abîma dans le temple !
Et le temple lui-même, avec ses cent piliers,
Ses cent lustres pendus à ses cent madriers,
Sa voûte formidable où l'encens fait des ondes,
Son orgue, au loin, tonnant sur les foules profondes,
Dans toute sa grandeur, comme au jour qu'il est né,
Parut debout, vivant, terrible, illuminé !...

A deux pas de l'autel, sous le banc des chanoines,
Fume, dans l'air glacé, le troupeau gras des moines
Qui tous, la corde aux reins et le capuce au front,
Songent aux espaliers où les fruits mûriront,
Et, les yeux demi-clos, ruminent les histoires
Des longs repas servis dans les grands réfectoires,
Quand le carillon clair s'élance jusqu'au ciel
Pour quelque Épiphanie ou pour quelque Noël.

Seul, au plus haut du chœur, dans ses habits de fête,
Sous un dais de brocart, crosse en main, mitre en tête,
L'Abbé, de son fauteuil dont les deux bras sont d'or,
Se soulève à moitié pour le Confiteor ;
Et, promenant partout son regard pacifique,
Dans un redoublement d'encens et de musique,
Au peuple, par bonté, se laisse voir un peu,
Rose comme une vierge — et calme comme un dieu.

Et là-bas, tout là-bas, comme au fond d'un abîme,
Laboureurs et manants sur qui pèse la dîme,
Garde-chasses étranglés dans l'étroit hoqueton,
Maigres pasteurs, debout sous leurs peaux de mouton,
Bons archers guerroyant pour les droits de l'Église,
Tous ceux qu'au même joug la misère égalise,
Contemplent, éperdus ainsi que des enfants,
Les beaux surplis brodés, les drapeaux triomphants,
Les vitres de couleur d'où les saints vous regardent ;
Si bien que le temps pèse et que les heures tardent
Pour s'en aller, plus haut que le séjour mortel
Oublier leur néant, dans la grandeur du Ciel !...

Les hymnes, cependant, sous la nef emportées
S'élargissent au loin, par cent voix répétées,

Et, du portail plein d'ombre au chœur étincelant,
Dans l'écho des piliers remontent en roulant, —
Choc des vents déchaînés, bond d'une mer immense.
Bruit qui tantôt s'arrête et tantôt recommence
Selon le rhythme antique — ou l'ordre souverain
Du chantre aux grands poumons qui mugit au lutrin.

## IV

Non, c'est un rêve! c'est un rêve!
Le Temps ne se retourne pas!
Dans sa main de glace il enlève
Toutes les choses d'ici-bas.

Rentrez en foule sous ces dalles,
Pour ne plus jamais revenir,
Spectres de moines à sandales
Dont ne veut plus notre avenir!

Croulez, nefs où sont les vertiges,
Et que la splendeur du ciel bleu,
O cierges, sur vos longues tiges
Fasse pâlir vos fleurs de feu!

Assez de nuit et de mensonge !
Assez de peuples à genoux !
Deux mille ans... c'est trop pour un songe !
Réveillons-nous, réveillons-nous !

Vent des monts aux bruyantes ailes,
Voisin des astres radieux,
Pousse, au fond des noires chapelles,
Ton air libre où meurent les dieux !

A moi glaïeuls, genêts, orties !
A l'assaut, les verts escadrons !
Plantez au dos des sacristies
Vos échelles de liserons !

Grimpez sans peur au mur qui penche,
Noirs mulots, lézards aux pieds froids ;
Sifflez, pinsons ! — C'est la revanche
Des prés, des ondes et des bois.

Et toi, la mère universelle ;
Toi, la nourrice aux larges flancs,
Dont le lait pur à flots ruisselle
Du haut des cieux étincelants ;

Toi, qui marches fière et sans voiles
Sur les cultes abandonnés,
Et, par pitié, dans tes étoiles
Caches les dieux découronnés;

Toi, qui réponds aux calomnies
Des aveugles niant le jour,
Par des tonnerres d'harmonies
Et des cataclysmes d'amour;

Toi, qui proposes dès l'enfance,
A notre faible humanité,
Pour symbole ta confiance,
Pour évangile ta beauté,

Entre, ô Nature, avec ta joie,
Ton soleil et ton mouvement —
Et qu'on te laisse cette proie
A dévorer tranquillement!...

XXXII

## XXXII

## KRONOS


Kronos, roi du passé, père des jours à naître,
Seul des Olympiens sur son trône est resté ;
L'impitoyable faux au tranchant redouté
Tremble éternellement dans les mains du vieux maître :

Sa barbe, que le feu des étoiles pénètre,
Sous ses flocons d'argent couvre l'immensité ;
Il jette aux dieux nouveaux un regard de côté,
Et se détourne d'eux, sans les vouloir connaître.

A quoi bon ? rien n'est sûr, d'autres viendront encor...
N'a-t-il pas vu ses fils brisant leurs sceptres d'or,
Et l'Olympe encombré du débris de leurs armes ?

Sur terre et dans les cieux, sachant que tout est vain,
Il pleure, épouvanté de ce néant divin —
Et la profonde mer n'est qu'une de ses larmes !

xxxiii

## XXXIII

## A LA LUNE

O toi qui dans le vieux Paris,
Comme quelqu'un qu'on doit connaître,
Venais tout le long des toits gris
Me regarder par ma fenêtre ;

Toi qui, du bout de tes rayons,
Répandais, veilleuse obstinée,
Tes pâles consolations
Sur le noir de ma destinée !

Sœur de la terre, astre charmant,
Loin des cités où l'homme est chiche,
Quels bons coins sous le firmament
Je te ferais, — si j'étais riche !

Que de bois profonds j'offrirais,
O Lune, à tes pudeurs jalouses,
A tes ébats, que de lacs frais,
A tes langueurs, que de pelouses !

Oh ! les frais coteaux pour s'asseoir !
Oh ! le sable uni des terrasses
Où tu promènerais, le soir,
Tes pieds d'argent, aux blanches traces !

Comme, sans peur d'événements,
On verrait, en lueurs superbes,
Tout ton collier de diamants
S'égrener dans les hautes herbes !

Et comme tu pourrais encor,
A l'abri des vertes arcades,
Balayer, de ta robe d'or,
L'escalier bruyant des cascades !

— « Pauvre ami, dit l'astre aux yeux doux,
La plus chère de mes retraites
Est encor le crâne des fous,
Ou la cervelle des poëtes !... »

XXXIV

XXXIV

## CHANSON DES BRISES

(Faite pour une Féerie.)

Réveillez-vous, arbres des bois !
Tressaillez toutes à la fois,
    Forêts profondes !
Et, loin des rayons embrasés,
A la fraîcheur de nos baisers
    Livrez vos ondes !

    Aimez-nous !
    Chantez tous,
    Pins et houx,
    Fougères !
    Nous passons,
    Nous glissons,
    Nous valsons,
    Légères !

Oh ! comme, avec un bruit joyeux.
Nos ailes battent sous les cieux,
  Grandes ouvertes !
Oh ! le délire et la douceur
De se rouler dans l'épaisseur
  Des feuilles vertes !

. . . . . . . . . .

. . . . . . . . . .

. . . . . . .

   Quels doux sons !...
   Les chansons
   Des pinsons,
   Des merles !
   Bois bénis,
   Tous vos nids
   Sont garnis
   De perles !

Quand nous aurons, quelques instants,
Joué sous les berceaux flottants
  De vos ramures,
Nous reviendrons dans les cités
Mêler un peu de vos gaités
  A leurs murmures !

Ouvrez-vous
Devant nous,
Pins et houx,
Fougères!
Nous passons,
Nous glissons,
Nous valsons,
Légères!...

XXXV

## XXXV

## DERNIÈRE NUIT

Toute ma lampe a brûlé goutte à goutte,
Mon feu s'éteint avec un dernier bruit.
Sans un ami, sans un chien qui m'écoute,
Je pleure seul, dans la profonde nuit.

Derrière moi — si je tournais la tête,
Je le verrais, — un fantôme est placé :
Témoin fatal apparu dans ma fête,
Spectre en lambeaux de mon bonheur passé.

Mon rêve est mort, sans espoir qu'il renaisse.
Le temps m'échappe, et l'orgueil imposteur
Pousse au néant les jours de ma jeunesse,
Comme un troupeau dont il fut le pasteur.

Pareil au flux d'une mer inféconde,
Sur mon cadavre au sépulcre endormi
Je sens déjà monter l'oubli du monde
Qui, tout vivant, m'a couvert à demi.

Oh! la nuit froide! oh! la nuit douloureuse!
Ma main bondit sur mon sein palpitant.
Qui frappe ainsi dans ma poitrine creuse?
Quels sont ces coups sinistres qu'on entend?

Qu'es-tu? qu'es-tu? parle, ô monstre indomptable
Qui te débats, en mes flancs enfermé?
Une voix dit, une voix lamentable:
« Je suis ton cœur, et je n'ai pas aimé! »

XXXVI

XXXVI

## LE NID ET LE CADRAN

Près du cadran sonore où l'heure se balance,
L'hirondelle a bâti son fragile berceau;
Entendez-vous deux bruits monter dans le silence?
La voix du Temps se mêle aux chansons de l'oiseau:

Sombre avertissement de l'heure qui s'envole,
Hymne charmant du nid qui palpite d'amour,
Duo mystérieux à la haute parole,
Que Dieu fait retentir sur le front de la tour.

Comment donc osas-tu, voyageuse hirondelle,
Aux mains de l'oiseleur suspendre ton destin?
Quand l'hôte au front morose habite la tourelle,
Comment conter ta joie aux brises du matin?

Chante, chante au soleil ta ballade amoureuse !
Les jours n'ont pas pour toi de tristes lendemains.
C'est à nous de pâlir quand l'heure à la voix creuse
Mesure à coups pressés l'orchestre des humains.


Chante, nid de l'oiseau ! j'aime à voir sous la nue
Rire à côté du Temps ta calme volupté
Et flotter dans les cieux mollement suspendue
Ta minute joyeuse à son éternité.

XXXVII

XXXVII

## LES ZONES DE L'AME


L'âme — ainsi que la terre — a ses régions douces,
Ses climats tempérés qu'effleure le soleil :
Frais espoirs souriant comme un flot sur les mousses,
Voluptés sans angoisse et bonheurs sans réveil.

Elle a les passions de sa zone torride,
Ses amours, épandus comme un embrasement,
Ses âpres désespoirs, steppes au sable aride,
Que le vent du désir brûle éternellement.

Puis elle a ses torpeurs et ses déserts de glace,
Ses mornes souvenirs flottant de place en place,
Avec ses jours sanglants sur la neige étalés :

Mais ceux-là vous diront une lugubre histoire,
Qui, penchés au sommet de quelque promontoire,
Ont aperçu de loin ses pôles désolés.

XXXVIII

## XXXVIII

# APPARITION

Près des colombes, sous les toits,
Au détour de la vieille rue,
Dans ma chambrette d'autrefois
Ma jeunesse m'est apparue ;

Ses cheveux flottaient sur son cou
Libres et blonds comme les gerbes ;
Ses yeux fixés on ne sait où
Étaient pleins de rayons superbes ;

Au seuil du pauvre appartement
Elle dressait toute sa taille ;
Et sa voix sonnait rudement,
Comme un clairon dans la bataille :

« Halte ici ! passant curieux
Qui reviens, après dix années,
Troubler le silence pieux
Des murailles abandonnées ! »

XXXIX

XXXIX

## AU GRAND TONNEAU D'HEIDELBERG

Monstre des temps homériques,
Dans les nôtres déclassé ;
Polyphème des barriques,
Dont l'œil au ventre placé

Provoque avec assurance
— Avortons d'un siècle obtus —
Nos tonneaux qui sont en France,
Étroits comme nos vertus !

Foudre géant, qu'à ta forme
On prendrait pour un vaisseau,
Du bon vin cercueil énorme
Dont je possède un morceau.

Je veux, plein d'un effroi vague,
Et m'agenouillant trois fois
— Comme un dévot dans sa bague
Met un fragment de la croix —

Sur un reposoir gothique,
Dans un coffret de satin,
Enchâsser ton bois mystique,
Tiède aussi d'un sang divin !

Heidelberg !... par tes féeries,
Par tes gnomes familiers,
Par tes noires brasseries
Où chantent tes écoliers,

Par ton château, sous les nues
Debout comme un souvenir,
Au nom des splendeurs connues
Et des gloires à venir,

Puisse au loin, joyeux cratère,
Ton fût, sur tes monts planté,
Envahir toute la terre
Sous un flot de volupté !

Et puisse la paix féconde,
Comme dans un saint anneau,
Un jour enfermer le monde
Au cercle de ton tonneau !...

XL

## XL

## BERCEUSE PHILOSOPHIQUE

Monsieur l'enfant qu'on attendait,
Soyez le bienvenu sur terre !
Vous dansez comme un farfadet,
En narguant la sagesse austère :

Car Dieu vous fit frais et vermeil,
Et votre mère en est ravie,
Et vous avez, sous le soleil,
L'éblouissement de la vie.

Déjà, pour vos repas de choix,
Tout travaille, ô tyran superbe :
L'abeille qui bourdonne au bois,
La vache qui mugit dans l'herbe.

Vous daignerez un peu plus tard,
Dans un carrosse en miniature,
Honorer d'un vague regard
Cet hommage de la nature.

Vous encouragerez un peu,
Comme il sied aux rois débonnaires,
Les oiseaux qui sont en tout lieu
Vos musiciens ordinaires.

Vous connaîtrez les champs, les fleurs,
Les grands flots qu'un souffle balance,
Et la pelouse aux cent couleurs,
Molle aux pieds de Votre Excellence ;

Puis le ciel, admirable à voir,
Pavillon que Dieu vous décore
De taffetas bleu jusqu'au soir,
De velours brun jusqu'à l'aurore.

Un mot pourtant de l'avenir :
Tout vous flatte, ô maître du monde !
Toutes les mains, pour vous bénir,
Caressent votre tête blonde.

Et votre mère, en ses ébats,
Colle ses lèvres affolées
Aux traces de vos premiers pas
Sur la poussière des allées.

Car, Enfant, vous avez pour vous
Mieux que la force qui nous blesse,
La majesté des grands yeux doux,
Le droit divin de la faiblesse.

Goûtez-les bien, ces jours dorés
Faits de jeu, de rire et de danse !
Vous grandirez, vous grandirez
De décadence en décadence.

On vous ôtera sans merci
Votre pouvoir de sept années,
Et vous serez esclave aussi,
Dès que vos forces seront nées.

Vous connaîtrez, pauvre oisillon,
Après la cage, où l'ennui siége,
La jeunesse, ce tourbillon ;
L'amour, ce lacs ; l'espoir, ce piége.

Par les monts, les bois et les prés,
L'œil éteint, l'âme inassouvie,
Sombre forçat, vous traînerez
La longue chaîne de la vie.

Pour vous, le Temps, en son décours,
Versera de ses mains funèbres
Sur la banalité des jours,
L'épouvantement des ténèbres.

Puis, vieil enfant, vous sortirez
Triste et nu de la vie amère ;
Mais le berceau que vous aurez
Sera froid, sinistre et sans mère !...

XLI

## XLI

## JASMIN

J'ai cueilli pour vous seule, à sa branche flétrie,
Ce jasmin par l'hiver oublié dans la tour.
J'ai baisé sa corolle, et mon âme attendrie
Dans la dernière fleur met son dernier amour.

Château de la Roche-Guyon.
185...

XLII

XLII

## LA CHANSON DES RAMES

Bois chenus! ah! vent d'automne!
L'oiseau fuit! ah! l'herbe est jaune!
Le soleil! ah! s'est pâli!
J'ai le cœur, ah! bien rempli!

Sous ma nef, ah! l'eau moutonne,
Et répond, Ah! monotone
A mon chant, Ah! si joli.

Quels regrets, ah! l'amour donne!
L'âge arrive, ah! puis l'oubli!

(L'empereur Vou-ti.)

XLIII

XLIII

## LA PAIX DES NEIGES

Au fond du cabinet de soie,
Dans le pavillon de l'étang,
Pi-pi, po-po! le feu flamboie.
L'horloge dit : Ko-tang, ko-tang!

Au dehors, la neige est fleurie,
Et le long des sentiers étroits.
Le vent, qui souffle avec furie,
Disperse au loin ses bouquets froids.

Sous le givre qui les pénètre,
Les noirs corbeaux, en manteau blanc,
Frappent du bec à ma fenêtre,
Qu'empourpre le foyer brûlant.

Le soleil est pâle et sans force.
Du vieux poirier qui semble mort
Aucun bourgeon ne fend l'écorce,
Pointu comme une dent qui mord.

Seul le sorbier rouge, qu'assiége
Plus d'un loriot en passant,
Fait pleuvoir ses grains sur la neige ;
On dirait des gouttes de sang.

Mais, au dos de ma tasse pleine,
Je vois s'épanouir encor
Dans leur jardin de porcelaine,
Des marguerites au cœur d'or.

Parmi les fraîches impostures
Des vermillons et des orpins,
Sur le ciel verni des tentures
Voltigent des papillons peints.

Et mille souvenirs fidèles
Sortant du fond de leur passé,
Comme de blanches hirondelles,
Rasent tout bas mon seuil glacé.

La paix descend sur toute chose.
Sans amour, sans haine et sans Dieu,
Mon esprit calme se repose
Dans l'équilibre du milieu.

Loin de moi ces ardeurs jalouses
Des envieux dont le fiel bout !
J'ai dans ma maison deux épouses,
L'une assise, l'autre debout.

Et, très-fort en littérature,
J'ai gagné, s'il faut parler net,
Quatre rubis à ma ceinture,
Un bouton d'or à mon bonnet.

Cependant la nuit, qui s'allonge
Mystérieuse à l'horizon,
Dans le filet fleuri d'un songe
Prend mon âme comme un poisson.

Et pour voir ce pays des sages
Où les grands vieillards sont cachés,
Je suis, sur le courant des âges,
La feuille rose des pêchers.

Mon œil se clôt, mon cœur se noie
Aux hasards du rêve inconstant.
Pi-pi, po-po! le feu flamboie.
L'horloge dit : Ko-tang, ko-tang!

XLIV

## XLIV

## LE TUNG-WHANG-FUNG


La fleur Ing-wha, petite et pourtant des plus belles,
N'ouvre qu'à Ching-tu-fu son calice odorant;
Et l'oiseau Tung-whang-fung est tout juste assez grand
Pour couvrir cette fleur en tendant ses deux ailes.

Et l'oiseau dit sa peine à la fleur qui sourit,
Et la fleur est de pourpre, et l'oiseau lui ressemble,
Et l'on ne sait pas trop, quand on les voit ensemble,
Si c'est la fleur qui chante, ou l'oiseau qui fleurit.

Et la fleur et l'oiseau sont nés à la même heure,
Et la même rosée avive chaque jour
Les deux époux vermeils, gonflés du même amour.
Mais quand la fleur est morte il faut que l'oiseau meure.

Alors, sur ce rameau d'où son bonheur a fui,
On voit pencher sa tête et se faner sa plume.
Et plus d'un jeune cœur, dont le désir s'allume,
Voudrait, aimé comme elle, expirer comme lui.

Et je tiens, quant à moi, ce récit qu'on ignore
D'un mandarin de Chine, au bouton de couleur.
La Chine est un vieux monde où l'on respecte encore
L'amour qui peut atteindre à l'âge d'une fleur.

XLV

## XLV

## VERS PAÏ-LUI-CHI

I

L'écho douze fois frappé
Par le vers sept fois coupé,
C'est la cadence opportune
D'un couplet bien échappé.

Ce galop sans halte aucune
Semble une bonne fortune
A tout poëte trempé
D'une façon peu commune.

Et sur ce rhythme escarpé,
L'oiseau, d'ombre enveloppé,
Récite au clair de la lune
Les vers de Li-taï-pé.


II


Le flot hennit, le vent crie.
Matelots de ma patrie,
Vers l'empire du Milieu,
Emportez-moi, je vous prie,

Afin que je puisse un peu,
Avant le dernier adieu,
Écouter la sonnerie
Des couvents de Lao-tseu;

Tandis que dans la prairie
S'ouvre avec coquetterie
Ton cœur d'or bordé de bleu,
O fleur de la rêverie!

## III

Hélas! le ciel m'a leurré,
Qui m'a mis, pauvre lettré,
Dans ce dur pays des Gaules
Par l'action dévoré !

Mon dos fléchit; mes épaules
Ne sauraient porter les pôles :
A tout géant plus carré
Je laisse remplir ces rôles,

Moi dont le but avéré
Serait de vivre, à mon gré,
Parmi l'herbe, au pied des saules,
En buvant du vin sucré !

## IV

Young-hao ! plus de tristesse !
J'ai fui, j'ai quitté Lutèce.
Je suis un gros mandarin
Tout gonflé de politesse.

Jusqu'au bout, calme et serein,
Je suivrai le même train.
Et quand la Mort, sombre hôtesse,
M'ouvrira son souterrain,

Mon fils, par délicatesse,
Un jour — je ne sais quand est-ce —
Gardera dans un écrin
Les ongles de mon altesse.

V

Tandis qu'étalant aux yeux
Ses ornements précieux,
Retenu par vingt chaînettes
Dans la chambre des aïeux.

Mon cercueil, aux planches nettes,
Luira comme les planètes,
Tout semé de camaïeux
Et tout garni de sonnettes;

Et les pères sérieux
Viendront prêcher en ces lieux,
A tous les enfants honnêtes,
La religion des Vieux.

## VI

Ainsi mon cœur, qui s'englue
A la beauté superflue,
S'en va par monts et par vaux
Loin de la route voulue.

Ainsi, doublant mes travaux,
J'ai sur des rhythmes nouveaux,
Seul, d'une main résolue
Dévidé mes écheveaux.

O lecteur de race élue!
O sapience absolue!
O char à quatre chevaux!
Le tout petit te salue!

XLVI

## XLVI

## L'HÉRITIER DE YANG-TI

La révolte, de sang et de larmes suivie,
A brisé du talon le pouvoir qu'on envie,
Et Yang-ti, fils du Ciel, en cette nuit d'horreur,
Gît aux pieds de son trône, un couteau dans le cœur.

Son héritier, qu'attend une même agonie,
Prend un flacon fatal dont nul ne se méfie,
Le vide, et dit, tourné vers le dieu Fô : « Seigneur !

Fais que, dans les hasards d'une seconde vie,
Je ne renaisse pas au corps d'un empereur ! »

XLVII

## XLVII

## LE VIEILLARD LIBRE

Prêt, dès l'aube, à déloger,
Je rentre avec la nuit noire.
J'ai dans mon puits de quoi boire,
Dans mon champ de quoi manger...

A l'Empereur suis-je pas étranger!...

(Auteur chinois inconnu.)

XLVIII

## XLVIII

## LA PLUIE VENUE DU MONT KI-CHAN

(SONG-TCHI-OUEN)

Le vent avait chassé la pluie aux larges gouttes,
Le soleil s'étalait, radieux, dans les airs,
Et les bois, secouant la fraîcheur de leurs voûtes,
Semblaient, par les vallons, plus touffus et plus verts!

Je montai jusqu'au temple accroché sur l'abîme ;
Un bonze m'accueillit, un bonze aux yeux baissés.
Là, dans les profondeurs de la raison sublime,
J'ai rompu le lien de mes désirs passés.

Nos deux voix se taisaient, à tout rendre inhabiles;
J'écoutais les oiseaux fuir dans l'immensité;
Je regardais les fleurs, comme nous immobiles,
Et mon cœur comprenait la grande vérité!

XLIX

## XLIX

## LE NAVIRE

Autour du noir vaisseau sous les cieux voyageant,
Le Vesper répand l'ombre avec la rêverie;
Et, comme un laboureur, la lune au soc d'argent
Creuse d'un blanc sillon les vagues d'Étrurie.

La voile aux plis nombreux tombe sur les haubans;
A peine un léger souffle au loin frémit encore.
Tout se mêle et s'efface, et, courbés sur leurs bancs,
Les rameurs, dans la nuit, frappent le flot sonore.

Tout à coup par les airs un doux bruit a passé
Comme une voix de femme, harmonieuse et belle.
Est-ce un cri d'alcyon sur l'écueil balancé,
Ou quelque écho lointain des fêtes de Cybèle?

Brûlant comme l'amour, joyeux comme l'espoir,
Le chant roule, emporté sur les plaines humides;
Et le nocher surpris, dans la brume croit voir
Bondir le chœur dansant des blondes Néréides.

Déjà la rame échappe aux mains des matelots;
On écoute, — et la voix, qui lentement soupire,
Dans son réseau sonore enchaîne le navire
Comme un filet subtil étendu sur les flots:

« Suspends, suspends ton vol, carène aux blanches ailes,
   Qui vas rasant les flots amers;
Tout repose, et la nuit sème ses étincelles
   Dans le voile ondoyant des mers.

« Vénus à l'horizon, sur un lit de nuages,
   A dénoué ses tresses d'or;
Jetez l'ancre de fer à nos joyeux rivages,
   Nautoniers, c'est ici le port!

« Entendez-vous la brise enivrante et lascive
   Glisser après les feux du jour ?
Et la vague frémir aux lèvres de la rive,
   Comme fait un baiser d'amour !

« Venez ! doux sont nos chants et doux sont nos visages.
   Les dieux marins aux cheveux verts,
Quand le soir, blanches sœurs, nous dansons sur les plages,
   Tendent vers nous leurs bras ouverts.

« Venez ! si le destin dans le fond de vos âmes
   Retourne l'aiguillon fatal,
A vous l'amour ! à vous des caresses de femmes
   Dans une grotte de cristal !

« A vous, tous les secrets que cherche en vain la foule !
   A vous nos récits merveilleux,
Où des jours effacés l'histoire se déroule,
   Comme un tissu mélodieux.

« Ce n'est point aux palais dans le cercle des villes,
   Que dort la molle Volupté.
Elle aime les forêts et leurs dômes mobiles,
   Où soupirent les nuits d'été.

« Elle aime les grands flots comme Vénus sa mère,
  Quand, ouvrant l'océan vermeil,
Elle sortit un jour de son écume amère,
  Nue et ruisselante au soleil.

« Ici, sous la colline, au doux bruit des fontaines,
  Étendus sur des lits de fleurs,
Vous boirez chaque jour, aux coupes toujours pleines,
  L'oubli du temps et des douleurs.

« Oublier ! oublier ! c'est la sagesse, au monde !
  Aimer ! c'est la loi des mortels.
C'est pour l'amour joyeux que sur la vague blonde
  Pendent les riants archipels.

« Où t'en vas-tu si loin, carène aux blanches ailes ?
  L'ombre est propice sous les cieux ;
Heureux qui vient dormir aux bras des immortelles !
  Il se relève égal aux dieux ! »

. . . . . . . . . . . . . . . . . . . .
 . . . . . . . . . . . . . . .
. . . . . . . . . . . . . . . . . . . .
  . . . . . . . . . !

Un souffle impétueux entraînait le navire.
Il allait, il allait aux magiques flots,
Comme va la colombe au serpent qui l'attire. —
Et les mâts s'inclinaient, et la rame en délire
    D'elle-même frappait les flots.

L

L

# ÉTUDE ANTIQUE

Il est jeune, il est pâle — et beau comme une fille.
Ses longs cheveux flottants d'un nœud d'or sont liés,
La perle orientale à son cothurne brille,
Il danse — et, secouant sa torche qui pétille,
A l'entour de son cou fait claquer ses colliers.

Tout frotté de parfums et la tête luisante,
Il passe en souriant et montre ses bras nus.
Un lait pur a lavé sa main éblouissante,
Et de sa joue en fleur la puberté naissante
Tombe aux pinces de fer du barbier Licinus.

Près des musiciens dont la flûte soupire,
De la scène, en rêvant, il écoute le bruit ;
Ou, laissant sur ses pas les senteurs de la myrrhe,
Il se mêle au troupeau des femmes en délire,
Que le fanal des bains attire dans la nuit.

S'il a de ses sourcils peint le cercle d'ébène,
Ce n'est pas pour Nééré ou Lesbie aux bras blancs.
Jamais, jamais sa main chaude de votre haleine,
Vierges, n'a dénoué la ceinture de laine
Que la pudeur timide attachait à vos flancs.

Pour lui, le proconsul épuisera l'Empire ;
Le prêtre comme aux dieux lui donnerait l'encens ;
Le poëte l'appelle ou Mopsus ou Tytire,
Et lui glisse en secret, sur ses tables de cire,
Le distique amoureux, aux dactyles dansants.

Par la ville, en tous lieux, autour de lui bourdonne
L'essaim des jeunes gens aux regards enflammés...
Et le sage lui-même, en s'arrêtant, frissonne
Quand son ombre chancelle et que son luth résonne
Au fauve soupirail des bouges enfumés.

17

## LI

## AMOUR DOUBLE

Ami, tu disais toi-même :
— Et j'entends encor ta voix —
« Il ne se peut pas qu'on aime
Deux maîtresses à la fois! »

Tu m'as bien trompé !... regarde
L'effet d'un mot hasardeux :
J'ai vécu sans prendre garde,
Voilà que j'en aime deux !

Je ne sais pas trop laquelle
Me cause moins de souci ;
Car, si l'une est la plus belle,
L'autre est la plus belle aussi.

Où me fixer ? comment faire ?
Le doute a gagné mes yeux.
C'est l'une que je préfère,
C'est l'autre que j'aime mieux.

Et mon pauvre cœur qui flotte
De l'une à l'autre beauté
Semble un vaisseau sans pilote
Par tous les vents emporté.

— Amour, qui me dois connaître,
Pourquoi doubler mes douleurs ?
Il suffisait d'une, ô maître,
Pour me coûter bien des pleurs !...

LII

## LII

## PARJURE

(Traduit d'Ovide, Élégie III; *Amours*.)

Comment croirais-je aux Dieux? Celle
Qui m'a trompé si souvent,
Sur ma vie! est aussi belle,
Aussi belle que devant!

Elle garde en son allure
La grâce des premiers jours.
Longue était sa chevelure,
Ses cheveux sont longs toujours.

Son pied, près du mien, se pose
Tout petit, comme autrefois.
Je la connus blanche et rose,
Blanche et rose je la vois.

Ses regards — ma bouche en grince ! —
Ont leurs flammes au complet.
Elle était mince ; elle est mince.
Elle plaisait ; elle plaît.

Ainsi donc les jeunes filles
Ont droit de trahir les gens !
Ainsi donc aux plus gentilles
Les Dieux sont plus indulgents !

Naguère, en ses accolades,
Par nos yeux elle a juré.
Les siens ne sont pas malades ;
Les miens ont tout enduré.

O Cieux, dont rit la cruelle,
Dites-nous par quelle loi,
Quand tout le crime est pour elle,
Toute la peine est pour moi ?

Ou le mot dieu qu'on redoute
N'est qu'un mot sonore et creux,
Ou les Dieux, sans aucun doute,
Sont là-haut très-amoureux.

Quand nous mentons, nous les hommes,
Phébus frémit dans les airs,
Et, sur tous tant que nous sommes,
Fait pleuvoir ses traits amers;

Neptune enfle la tempête,
Mars prend son glaive inhumain,
Minerve a le casque en tête,
Jupiter, la foudre en main.

Mais les Dieux ont peur des belles,
Des belles aux fronts vainqueurs.
Elles savent, les rebelles,
Qu'ils ont des yeux et des cœurs!

Ah!... si j'étais Dieu moi-même,
Je les laisserais mentir.
Je serais un dieu qu'on aime
Sans crainte et sans repentir!

— Toi, cependant, ma charmante,
Abuse un peu moins des Cieux,
Ou, s'il faut que ta voix mente,
Pitié pour mes pauvres yeux!

LIII

## LIII

## À UNE JEUNE FILLE

(Traduit d'Anacréon.)

La fille de Tantale, en sa forme nouvelle,
Sur les bords phrygiens devint pierre, dit-on ;
Et les Dieux ont donné le vol de l'hirondelle
    A la fille de Pandion.

Que je sois ton miroir, pour que vers moi sans cesse
Tu penches ton beau front orné par les Amours !
Que je sois ta tunique, ô ma blanche maîtresse,
    Pour que tu me portes toujours !

Que je sois dans ton bain l'onde pure et choisie
Pour presser ton beau corps dans mes plis amoureux !
Que je sois le parfum, que je sois l'ambroisie
    Pour embaumer tes longs cheveux !

Que je sois le collier qui sur ton sein ruisselle !
Le lien de ta gorge aux suaves appas !
Que je sois seulement ta sandale, ô ma belle,
      Pour être foulé sous tes pas !

LIV

## LIV

## LA FILLE DU FOSSOYEUR

J'adore à présent l'héritière
Du vieux fossoyeur aux bras noirs.
Je suis fidèle tous les soirs,
Au rendez-vous du cimetière.

Toc! toc! toc! on entend le bruit
Du vieux qui bêche dans la nuit.

Avec sa tresse qui retombe,
Ses yeux clairs et ses blanches dents,
La belle pousse là dedans
Comme un rosier sur une tombe.

Toc! toc! toc! on entend le bruit
Du vieux qui bêche dans la nuit.

Ah! la follette, la follette,
Qui faisant la nique au curé,
Emporte le *Dies iræ*
Dans son cri joyeux d'alouette.

Toc! toc! toc! on entend le bruit
Du vieux qui bêche dans la nuit.

C'est sous la terre une querelle
Chaque fois qu'elle prend son vol.
Les croix de fer sortant du sol
Semblent des bras, tendus pour elle.

Toc! toc! toc! on entend le bruit
Du vieux qui bêche dans la nuit.

Souvent même, dans l'ombre brune
Tout le long des chemins sablés,
On voit, tels que des cœurs troublés,
Les tombeaux battre sous la lune.

Toc! toc! toc! on entend le bruit
Du vieux qui bêche dans la nuit.

Quand l'enfant qui saute et qui piaffe
Va « *du bon père* » au « *bon époux* »,
Tout marbre, comme un billet doux,
Veut lui glisser son épitaphe.


Toc! toc! toc! on entend le bruit
Du vieux qui bêche dans la nuit.


En rêvant je marche près d'elle :
« C'est la voisine, n'est-ce pas,
Dont on creuse le trou là-bas?
— Moi, je t'aime! », répond la belle.


Toc! toc! toc! on entend le bruit
Du vieux qui bêche dans la nuit.


Mais déjà les morts en suaire
Vont après nous, à pas furtifs.
Je vois rôder entre les ifs
Ces roquentins de l'ossuaire.


Toc! toc! roc! on entend le bruit
Du vieux qui bêche dans la nuit.

— « Mets tes bras à mon cou, mignonne !
Ils ont eu ce que nous avons ;
Nous qui vivons, nous qui vivons,
Embrassons-nous, la vie est bonne !


Toc ! toc ! toc ! on entend le bruit
Du vieux qui bêche dans la nuit.


Nos baisers, en ces lieux funèbres,
Pleins d'une large volupté,
Jusqu'au fond de l'éternité
Retentissent dans les ténèbres.


Toc ! toc ! toc ! on entend le bruit
Du vieux qui bêche dans la nuit.


Un jour — bientôt — quand ? — je l'ignore.
A quatre pas de ta maison
J'irai dormir sous le gazon.
Que tu seras charmante encore !


Toc ! toc ! toc ! on entend le bruit
Du vieux qui bêche dans la nuit.

Ce jour-là, ce jour-là, ma belle,
Au lieu d'œillets et de lilas,
Mon bouquet d'amoureux, hélas!
Sera fait de jaune immortelle.

Toc! toc! toc! on entend le bruit
Du vieux qui bêche dans la nuit.

A l'heure où, selon nos coutumes,
La maîtresse attendait l'amant,
Je me mêlerai tristement
Au troupeau des galants posthumes.

Toc! toc! toc! on entend le bruit
Du vieux qui bêche dans la nuit.

Quelque autre aura ta foi complète.
Je te suivrai comme eux, ce soir.
Et tu t'amuseras à voir
Les soubresauts de mon squelette! »

Toc! toc! toc! on entend le bruit
Du vieux qui bêche dans la nuit.

LV

## LV

## ABRUTISSEMENT

Les hommes sont si mauvais
Que, sans pleurer, je m'en vais
  Du monde.
Pour la haine ou l'amitié
Je n'ai plus qu'une pitié
  Profonde.

Au point de nous empester,
Chaque jour on voit monter
  Les fanges.
Dans mon désespoir fougueux
Je ne crois pas plus aux gueux
  Qu'aux anges.

J'ai souffert tant de tourments,
J'ai connu tant de serments
    Frivoles,
Que j'évite avec grand soin,
Amour, les lieux où de loin
    Tu voles!


Las d'aller, les bras pendants,
Des noirs coquins aux pédants
    Moroses,
J'ai placé tout mon orgueil
A planter près de mon seuil
    Des roses.


Je mange et je dors en chien
Plus rien de noble et plus rien
    D'austère!
Comme d'un cruchon fêlé,
Mon esprit s'en est allé
    Par terre.


Tout, d'ailleurs, en ce séjour,
Suit le maître, et par amour
    L'imite;

Et la nature a lutté
Avec ma stupidité
    D'ermite.

Les arbres de mon jardin
Penchent d'un air anodin
    Leurs têtes ;
Et les bêtes dans ma cour
Deviennent de jour en jour
    Plus bêtes.

Juin 1869.

# NOTE

# NOTE DE LA PAGE 41

---

Voici quelques échantillons de ces poésies :

### A VICTOR HUGO, ACADÉMICIEN

O triste ambition que la grandeur nous donne :
Du plus vaste génie un hochet est l'écueil.
Le géant d'Austerlitz se baissa jusqu'au trône,
Hugo jusqu'au fauteuil.

(Septembre 1841.)

### A VOLTAIRE

Sans en être écrasé, Voltaire a sur son dos
La haine des cafards avec l'amour des sots!

## NOTE.

### A Madame ***

(Qui avait une Vénus de Milo dans son boudoir..)

Si dans ce boudoir étoilé
Je vois le torse mutilé
De la fière amante d'Anchise,
O Muse, au regard enchanté,
C'est que devant votre beauté
Ses bras sont tombés de surprise !

### ERREUR DES YEUX

(L'auteur s'étant trompé sur la couleur des yeux d'une dame, lui envoya en réparation le quatrain suivant)

Donc il est bleu comme la violette,
Ce long regard qui m'a rendu l'espoir !
Il est si doux que j'en perdais la tête,
Et si profond qu'il m'a semblé tout noir !

### A UNE JEUNE FILLE MANQUANT DE CHARMES

Qu'importe ton sein maigre, ô mon objet aimé !
On est plus près du cœur quand la poitrine est plate ;
Et je vois, comme un merle en sa cage enfermé,
L'Amour entre tes os rêvant sur une patte !

Bouilhet avait fait beaucoup de vers de ce genre-là et de plus *salés*.

TABLE

# TABLE

|  |  | Pages. |
|---|---|---|
| Préface. | | 1 |
| I. | Sous des déguisements. | 37 |
| II. | La Colombe. | 51 |
| III. | Confiance. | 47 |
| IV. | Soldat libre. | 51 |
| V. | A Rosette. | 55 |
| VI. | Oh! serait-ce vrai, ma belle? | 61 |
| VII. | Sérénade. | 67 |
| VIII. | Soir d'été. | 73 |
| IX. | La Fleur rouge. | 79 |
| X. | Les Neiges d'antan. | 83 |
| XI. | Le Bois qui pleure. | 94 |
| XII. | Le Sang des géants. | 97 |
| XIII. | L'Aloès. | 101 |
| XIV. | Une Soirée. | 105 |

| | | Pages. |
|---|---|---|
| XV. | Sombre Églogue | 109 |
| XVI. | Musique | 115 |
| XVII. | Europe | 119 |
| XVIII. | La Source | 123 |
| XIX. | Baiser de Muse | 127 |
| XX. | A ma belle Lectrice | 131 |
| XXI. | Sur la première page d'un album | 135 |
| XXII. | L'Amour noir | 139 |
| XXIII. | Première Ride | 161 |
| XXIV. | Gelida | 165 |
| XXV. | Les Chevriers | 169 |
| XXVI. | Air de chasse | 173 |
| XXVII. | L'Oiseleur | 179 |
| XXVIII. | Une Baraque | 183 |
| XXIX. | Dans le Cimétière de S*** | 189 |
| XXX. | Lied normand | 193 |
| XXXI. | L'Abbaye | 199 |
| XXXII. | Kronos | 211 |
| XXXIII. | A la Lune | 215 |
| XXXIV. | Chanson des brises | 219 |
| XXXV. | Dernière Nuit | 225 |
| XXXVI. | Le Nid et le Cadran | 229 |
| XXXVII. | Les Zones de l'âme | 233 |
| XXXVIII. | Apparition | 237 |
| XXXIX. | Au grand Tonneau d'Heidelberg | 241 |
| XL. | Berceuse philosophique | 247 |

# TABLE.

|  |  | Pages. |
|---|---|---|
| XLI. | Jasmin | 253 |
| XLII. | Chanson des rames. | 257 |
| XLIII. | Paix des neiges. | 264 |
| XLIV. | Le Tung-whang-fung. | 267 |
| XLV. | Vers Pai-lui-chi. | 274 |
| XLVI. | L'Héritier de Yang-ti. | 279 |
| XLVII. | Le Vieillard libre. | 283 |
| XLVIII. | La Pluie venue du mont Ki-chan. | 287 |
| XLIX. | Le Navire. | 291 |
| L. | Étude antique. | 299 |
| LI. | Amour double. | 303 |
| LII. | Parjure. | 307 |
| LIII. | A une jeune Fille. | 313 |
| LIV. | LA FILLE DU FOSSOYEUR. | 317 |
| LV. | Abrutissement. | 325 |
| NOTE. |  | 334 |

PARIS. — J. CLAYE, IMPRIMEUR, 7, RUE SAINT-BENOIT.

## A LA MÊME LIBRAIRIE

## ŒUVRES DE LOUIS BOUILHET

### POÉSIES

Festons et Astragales.

### THÉATRE

Madame de Montarcy. Drame en cinq actes et en vers.
Hélène Peyron. Drame en cinq actes et en vers.
L'Oncle Million. Comédie en cinq actes et en vers.
Dolorès. Drame en quatre actes et en vers.
Faustine. Drame en prose, en cinq actes et neuf tableaux.
La Conjuration d'Amboise. Drame en cinq actes et en prose.
Mademoiselle Aïssé. Drame en quatre actes et en vers.

### INÉDITS

Le Chateau des cœurs. Féerie.
Le Panier de pêches. Un acte, en prose.
Le Cœur a droite. Trois actes, en prose.
Le Sexe faible. Comédie en cinq actes et en prose.

www.ingramcontent.com/pod-product-compliance
Lightning Source LLC
Chambersburg PA
CBHW060455170426
43199CB00011B/1212